I. M. Bocheński

Die zeitgenössischen Denkmethoden

Zehnte Auflage

Francke Verlag Tübingen und Basel

UTB
FÜR WISSENSCHAFT

Uni-Taschenbücher 6

1. Auflage 1954
10. Auflage 1993

© 1993 · A. Francke Verlag Tübingen und Basel
Dischingerweg 5 · D-72070 Tübingen
ISBN 3-7720-1202-7

Das Werk einschließlich aller seiner Teile ist urheberrechtlich geschützt. Jede Verwertung außerhalb der engen Grenzen des Urheberrechtsgesetzes ist ohne Zustimmung des Verlages unzulässig und strafbar. Das gilt insbesondere für Vervielfältigungen, Übersetzungen, Mikroverfilmungen und die Einspeicherung und Verarbeitung in elektronischen Systemen.

Einbandgestaltung: A. Krugmann, Freiberg am Neckar
Gesamtherstellung: Pustet, Regensburg
Printed in Germany

ISBN 3-8252-0006-X (UTB-Bestellnummer)

INHALT

Vorwort ... 7

I. Einleitung

1. Terminologie ... 9
Ontologische Terminologie – Psychologische Terminologie – Semiotische Terminologie – Erkenntnistheoretische Terminologie

2. Logik, Methodologie und Wissenschaft ... 15
Logik – Methodologie – Wissenschaft – Wissenschaft und Logik – Einteilung

II. Die phänomenologische Methode

3. Allgemeines ... 22
Historische Vorbemerkungen – Methodologische Vorbemerkungen – Wesentliche Züge der Phänomenologie – Rechtfertigung der phänomenologischen Methode

4. Zu den Sachen selbst! ... 25
Wesensschau – Objektivismus – Das subjektive Denken Kierkegaards – Ausschaltung der Theorie und der Tradition – Positive Regeln der Wesensschau

5. Gegenstand der phänomenologischen Forschung ... 31
Phänomen – Ausschaltung der Existenz – Wesen – Wesen und Wortbedeutung – Phänomenologie der Existenz – Über neuere und «tiefere» Phänomenologie

III. Die semiotischen Methoden

6. Allgemeines ... 37
Methodologische Vorbemerkungen – Historische Vorbemerkungen – Allgemeine Rechtfertigung der Sprachanalyse – Die drei Dimensionen des Zeichens – Semiotischer Begriff des Wortes

7. Formalismus ... 42
Einleitende Orientierung – Rechnen – Anwendung des Rechnens auf nicht-mathematische Gegenstände – Eidetischer und operativer Sinn – Modell – Wesen des Formalismus – Rechtfertigung des Formalismus – Künstliche Sprache

8. Syntaktische Sinnregeln 51
Aufbau der Sprache – Begriff der syntaktischen Kategorie – Funktoren und Argumente – Beispiele syntaktischen Unsinns

9. Semantische Funktionen und Stufen 55
Die zwei semantischen Funktionen des Zeichens – Sagen des Unsagbaren – Bezeichnung und Bedeutung – Die semantischen Stufen – Vom Gebrauch der Anführungszeichen

10. Semantischer Sinn und Verifizierbarkeit 61
Methodologische Bedeutung des Problems – Der Satz der Verifizierbarkeit – Was bedeutet «verifizierbar»? – Prinzip der Intersubjektivität – Verifizierbarkeit der Allaussagen

11. Beispiel der Anwendung der semantischen Methoden 67
A. Tarski: Der Begriff der wahren Aussage in der Umgangssprache

IV. DIE AXIOMATISCHE METHODE

12. Allgemeines 73
Struktur des mittelbaren Erkennens – Gesetz und Regel – Die zwei Grundformen des Schließens – Unfehlbare und fehlbare Schlußregeln – Historische Vorbemerkungen – Einteilung

13. Das axiomatische System 78
Vorbegriff des axiomatischen Systems – Aufbau des axiomatischen Systems von Aussagen – Forderungen an das axiomatische System – Konstitutionssystem – Progressive und regressive Deduktion.

14. Mathematische Logik 83
Methodologische Bedeutung – Geschichte der mathematischen Logik – Wesentliche Züge der mathematischen Logik – Anteil der mathematischen Logik am außerlogischen axiomatischen System – Relativität der logischen Grundlage – Implikation und Ableitbarkeit

15. Definition und Begriffsbildung 90
Grundlegende Einteilung der Definitionen – Arten der syntaktischen Definitionen – Definition durch das axiomatische System – Semantische Definitionen – Reale Definitionen

16. Beispiel der Anwendung der axiomatischen Methode 96
Axiomatisierung der Hilbert-Ackermannschen Aussagenlogik

V. DIE REDUKTIVEN METHODEN

17. Allgemeines   100
Historische Vorbemerkungen – Begriff und Einteilung der Reduktion – Regressive Reduktion und Begriff des Erklärens – Verifikation – Die reduktiven Wissenschaften

18. Struktur der Naturwissenschaften   104
Protokollaussage – Fortschritt der Naturwissenschaften – Verifikation – Erfahrung und Denken – Schematische Darstellung – Kopernikanische Theorie – Beispiele der Verifikation

19. Die Arten der erklärenden Aussage   112
Einleitung – Die Bedingungen und ihre Arten – Kausale und teleologische Erklärung – Funktionale Gesetze – Statistische Gesetze

20. Induktion   117
Echte und unechte Induktion – Einteilung der Induktion – Die Millschen Methoden – Die Voraussetzungen der Millschen Methoden – Induktion und System – Regel der Einfachheit – Zusammenfassung – Philosophische Deutungen

21. Wahrscheinlichkeit und Statistik   124
Die beiden Bedeutungen des Wortes «Wahrscheinlichkeit» – Statistik – Abhängigkeit der Phänomene – Korrelationstabellen – Korrelation und Wahrscheinlichkeit

22. Historische Methode   130
Naturwissenschaft und Geschichte – Ausgangspunkt – Auswahl – Deutung – Historische Kritik – Historische Erklärung – Abschließende Bemerkungen

NACHWORT   138

LITERATURHINWEISE   140

BIBLIOGRAPHIE   141

SACHVERZEICHNIS   144

NAMENVERZEICHNIS   150

VORWORT

Dieses kleine Buch ist ein Versuch, die wichtigsten zeitgenössischen *allgemeinen* – d. h. in vielen Gebieten gebrauchten – *Denk*methoden in einer sehr *elementaren* Art und Weise gemäß den Ansichten der heutigen Methodologen zu referieren.

Um Mißverständnisse zu vermeiden, wird es nützlich sein, alle genannten Beschränkungen etwas näher zu erklären.

1. Es handelt sich hier um die *Methoden* des Denkens; das Buch gehört ins Gebiet der allgemeinen Methodologie, also jenes Teiles der Logik, welcher von der Anwendung der logischen Gesetze auf die Praxis des Denkens handelt. Es sei bemerkt, daß es von einem Logiker geschrieben wurde; daraus ergibt sich wahrscheinlich eine Einseitigkeit: die besondere Betonung des Logischen in den Methoden. Allerdings scheint gerade das Logische in der Methodologie ausschlaggebend zu sein.

2. Das Buch enthält nur sehr *Elementares*. Ganz bedeutende Lehren, wie z. B. die so wichtige Theorie der Wahrscheinlichkeit oder die Einzelheiten der historischen Methode, wurden entweder ganz unberücksichtigt gelassen oder nur gestreift. Dies war notwendig, um auf 150 Seiten doch das Wesentliche sagen zu können. Insbesondere wurde auch alles ausgeschlossen, was irgendeine Kenntnis der Mathematik – ausgenommen die ganz einfachen Rechenoperationen – und der mathematischen Logik voraussetzen würde. Ebenso wurde auf die fachliche Terminologie teilweise verzichtet, um den Text dem Außenstehenden besser verständlich zu machen.

3. Was hier gesagt wird, ist trotz der dogmatischen Form ein *Referat*. Der Verfasser übernimmt persönlich keine Verantwortlichkeit für die Regeln und die Begründungen, welche er schildert. Würde er systematisch eine Methodologie schreiben, so fiele diese vielleicht ganz anders aus als der Inhalt dieses Buches.

4. Was referiert wird, sind die *Ansichten der Methodologen*, nicht jene der Wissenschaftler selbst. Es ist also insoweit ein Buch über die zeitgenössische Philosophie. Doch muß das Wort «Philosophie» hier in einem sehr engen und nicht geläufigen Sinne verstanden werden: denn echt philosophische Fragen, z. B. jene, welche die Natur der Logik oder die Grundlage der Induktion betreffen, wurden fast vollständig übergangen. Die Methoden selbst, nicht ihre Deutungen und letzten Begründungen, sind der behandelte Gegenstand.

I. EINLEITUNG

1. Terminologie

Um den Inhalt der zeitgenössischen methodologischen Lehren eindeutig referieren zu können, müssen wir uns einer ihrem Sinne nach genau feststehenden Terminologie bedienen. Aus diesem Grunde ist es notwendig, dem eigentlichen Vortrag einige terminologische Festsetzungen voranzuschicken. Was dabei beabsichtigt wird, sind keine Lehrsätze, sondern Regeln des Gebrauches gewisser Worte und Wendungen; diese Regeln werden öfters auch die Form von Sätzen annehmen, welche an und für sich als Behauptungen über die Dinge verstanden werden könnten: jedoch handelt es sich nur um Erklärungen, wie wir in diesem Buch die betreffenden Worte verstehen.

Unsere Terminologie gehört im Großen und Ganzen zum Gemeingut der Philosophen; jedoch werden gewisse Ausdrücke bei verschiedenen Denkern in verschiedenem Sinne gebraucht. In diesen Fällen war es notwendig, eine einzige Bedeutung zu wählen, und in diesem Sinne ist das, was wir hier vorbringen, konventionell: wir sagen, daß wir den und den Ausdruck so und so verstehen.

ONTOLOGISCHE TERMINOLOGIE. Die Welt besteht aus *Dingen* (Sachen, Substanzen), etwa Bergen, Pflanzen, Menschen usw., die durch verschiedene *Eigenschaften* – z. B. Farben, Formen, Fähigkeiten usw. – bestimmt und durch mannigfaltige *Relationen* miteinander verbunden sind. Der allgemeine philosophische Name für alles, was ist oder sein kann, ist «*Seiendes*»: ebensowohl Dinge, wie Eigenschaften und Relationen werden danach «Seiende» genannt. In jedem Seienden kann man zwei Aspekte oder Momente unterscheiden: das, *was es ist* – also sein Wesen, seine Washeit, sein Sosein, seine Essenz –, und das Moment, welches darin besteht, *daß* das Seiende ist – sein Dasein, seine Existenz.

Wenn ein Seiendes so und so beschaffen ist – z. B. wenn ein Ding rot ist, oder eine geometrische Figur eine zweimal größere Fläche hat als eine andere – haben wir es mit einem *Sachverhalt* zu tun: die Sache (hier im allgemeinsten Sinne: also das Seiende) verhält sich, d. h. ist, so und so.

Sachverhalte sind voneinander nicht unabhängig. Vielmehr ist es oft so, daß, *wenn* ein Sachverhalt besteht, *dann* auch ein anderer besteht. Die Welt kann als ein Gefüge von Sachverhalten gedacht werden. Ja, sie ist selbst ein kolossaler, höchst verwickelter Sachverhalt, in welchem alles, was ist oder sein kann, mit allem anderen durch ein unendliches Netz von Beziehungen verbunden ist.

Damit wird natürlich nicht behauptet, daß eine Vermehrung oder Zurückführung der genannten Kategorien nicht möglich sei. Tatsächlich hat man in der Geschichte der Philosophie z. B. behauptet, es gebe keine Dinge, sondern nur Eigenschaften bezw. Relationen; andere Denker haben gelehrt, es gebe nur ein einziges Ding. Es fehlt auch nicht an solchen, die im Gegenteil alles auf die vielen Dinge zurückführen. Man könnte die Liste solcher Lehrmeinungen noch weiterführen.

Vom methodologischen Standpunkt aus sind aber diese Auseinandersetzungen ziemlich belanglos. Es mag sein, daß eine «tiefere» Analyse eine der genannten Zurückführungen erlaubt. Aber in der Praxis der Wissenschaft gebraucht man ständig alle die genannten Kategorien. Auffallend ist auch, daß wir inbezug auf diese Kategorien eine weitgehende Übereinstimmung unter den führenden Denkern unseres Kulturkreises finden: Plato, Aristoteles, Plotin, Augustinus, Thomas, Spinoza, Leibniz, Kant, Hegel, Husserl, Whitehead gebrauchen alle eine Sprache, in welcher Namen für unsere Kategorien vorkommen, wie sie auch immer die Welt «an sich» vorstellen mögen.

PSYCHOLOGISCHE TERMINOLOGIE. Die Methodologie hat es mit dem *Wissen* zu tun. Was nun das Wissen sei, ist eine schwierige und sehr umstrittene Frage. Hier wollen wir nun den Sinn etwas umschreiben, welchen wir dem Wort geben.

(1) Wir fassen das Wissen als etwas *Psychisches*, also als etwas, was in der Seele und nur in ihr zu finden ist; und auch wollen wir hier das Wissen auf das *menschliche* Wissen beschränken. Auch fassen wir es nicht im Sinne eines Aktes, also eines Vorganges, sondern einer *Eigenschaft*, genauer gesagt ist es für uns ein *Zustand*. Wissen ist nämlich das, kraft dessen ein Mensch «Wissender» genannt wird – genau so, wie die Tapferkeit das ist, weswegen er «tapfer» genannt wird, und die Stärke das, weswegen man von einem Ochs oder einem Motor sagt, er sei «stark». Es folgt daraus, daß es in diesem Sinne ein Wissen ‚an sich' – also eines außerhalb der Psyche eines Einzelmenschen – nicht gibt; jedes Wissen ist das Wissen eines individuellen Menschen.

Man spricht freilich in der zeitgenössischen Philosophie ziemlich viel von einem überindividuellen Wissen. Dieser Sprachgebrauch wird aber entweder dadurch bedingt, daß man an den *Gegenstand* des Wissens (in unserem Sinne) denkt, oder aber dadurch, daß man die metaphysische Voraussetzung eines kollektiven Subjektes macht, etwa des hegelschen objektiven Geistes. Für die Methodologie ist aber zweckmäßig das Wissen als psychisches Phänomen von seinem Inhalt terminologisch zu unterscheiden, und die genannte metaphysische (übrigens sehr fragliche) These ist für sie belanglos, da die Methode letzten Endes immer und nur durch einen individuellen Menschen, nicht durch den vermeintlichen objektiven Geist, angewandt werden kann.

(2) Das Wissen hat immer einen *Gegenstand*: das, *was* man weiß. Und zwar ist dieser Gegenstand immer ein *Sachverhalt*. Ein Ding oder eine Eigenschaft bezw. eine Relation kann man, streng genommen, nicht wissen: weiß man etwas, dann weiß man immer, daß das betreffende Ding oder die in Frage stehende Eigenschaft bezw. Relation so und so beschaffen ist, oder einfach ist, also einen Sachverhalt.

(3) Der Gegenstand wird im Wissen gewissermaßen *abgebildet*. Die Dinge, Eigenschaften und Relationen werden in *Begriffen*, die Sachverhalte in *Sätzen* abgebildet. Dem soeben Gesagten entsprechend genügt ein Begriff dem Wissen noch nicht: das Wissen bezieht sich auf Sachverhalte, und diese werden erst durch Sätze abgebildet. Also genügen dem Wissen erst Sätze.

(4) Die genannten Abbilder können entweder subjektiv oder objektiv betrachtet werden. Betrachtet man sie subjektiv, dann handelt es sich um gewisse *psychische Gebilde*, die einen Teil der menschlichen Psyche ausmachen; objektiv gesehen haben wir es mit ihrem *Inhalt* zu tun, mit dem, *was* die betreffenden Gebilde abbilden. Man könnte nun meinen, daß dieser Inhalt etwas Wirkliches, ein Seiendes, nämlich das gewußte Seiende sei. Aber es ist nicht so. Um dies einzusehen, genügt es, zu bemerken, daß es auch falsche Sätze gibt – und solche Sätze haben offenbar einen Inhalt, sind nicht nur bloß psychische Gebilde, und doch sind sie nicht Abbilder der realen Welt.

Deshalb sind die Ausdrücke «Begriff» und «Satz» zweideutig: man muß unterscheiden den *subjektiven Begriff* und den *subjektiven Satz* – also psychische Gebilde – vom *objektiven Begriff* und *objektiven Satz* – die keine psychischen Gebilde, sondern Inhalte der entsprechenden subjektiven Begriffe bezw. Sätze sind.

(5) Jede Erkenntnis kommt durch einen psychischen Prozeß zustande. Das Wissen ist erst das Ergebnis dieses Prozesses. Dieser Prozeß ist kein Zustand, sondern eine *Tätigkeit* des Subjektes. Wir wollen ihn «*Erkennen*» nennen. Das Erkennen ist danach, genau wie das Wissen, etwas Psychisches, am individuellen Menschen Haftendes. Im Gegensatz zu den objektiven Begriffen und Sätzen gibt es aber kein «objektives Erkennen»; ein solches ist ein Unding.

Das Erkennen im vollen Sinne gipfelt in einem *Urteil*, durch welches ein objektiver Satz behauptet (oder geleugnet) wird. Den entsprechenden «niedrigeren» Erkenntnisprozeß, der zur Bildung des subjektiven Begriffes und zum Begreifen des objektiven Begriffes führt, wollen wir «*Begreifen*» nennen.

Tatsächlich sind im Erkenntnisprozeß beide Akte eng miteinander verbunden; dabei weisen beide eine sehr komplizierte Struktur auf, die uns aber hier nicht weiter interessieren soll. Es sei noch bemerkt, daß manche Denker (so die Scholastiker und Kant) das Wort «Urteil» in dem Sinn gebrauchen, welchen wir dem Wort «Satz» geben. In unserer Terminologie ist aber ein Urteil immer ein Prozeß, während ein Satz ein (objektives, oder inhaltliches,) Gebilde ist.

(6) Vom Erkennen muß man das *Denken* unterscheiden. Und zwar wollen wir dem Ausdruck «Denken» einen weiteren Umfang geben: wir verstehen darunter eine geistige Bewegung von einem Gegenstand zu einem anderen. Eine solche Bewegung braucht nicht notwendig ein Erkennen zu sein. Man kann z. B. auch so denken, daß man sich in einem Augenblick der Muße an Verschiedenes nacheinander erinnert. Das Erkennen würde danach als ein *ernstes Denken* aufzufassen sein, und als ein Denken, welches auf ein Wissen abzielt.

SEMIOTISCHE TERMINOLOGIE. Um unsere Begriffe und Sätze Anderen mitzuteilen und um uns selbst das Denken zu erleichtern, gebrauchen wir *Zeichen*, vornehmlich einer schriftlichen oder mündlichen *Sprache*, die aus Worten oder ähnlichen Symbolen besteht. Dabei sind die zwei folgenden Tatsachen von Belang:

(1) Die Sprache bildet nicht direkt das Seiende ab, sondern die objektiven Begriffe und objektiven Sätze. Wir sprechen nicht das Seiende aus, wie es ist, sondern so, wie wir es denken. Dies ist eine sehr wichtige Feststellung, deren Mißachtung zu schweren Irrtümern führen kann.

(2) Die Sprache bildet auch die objektiven Begriffe und Sätze nicht immer adaequat ab. Vielmehr kommt es vor, daß ein Zeichen der Sprache verschiedene solche objektive Gebilde abbildet (Vieldeutigkeit), oder umgekehrt, daß mehrere Zeichen dasselbe Gebilde abbilden (Synonymie).

Es besteht eine natürliche – und zwar ganz berechtigte – Tendenz, die Sprache so auszugestalten, daß sie so adäquat wie möglich die objektiven Begriffe und objektiven Sätze abbildet. Das bleibt aber ein Ideal, das nur selten verwirklicht wird. Da nun die Sprache eine überragend große Rolle im menschlichen Erkennen spielt (schon deshalb, weil dieses Erkennen sozial bedingt ist, d. i. durch das, was von anderen Menschen erkannt wurde und vermittelst der Sprache bekannt wird), gehört die Sprachanalyse, die Deutung der Sprache, zu den wichtigsten Stücken der Erkenntnismethode.

Ein Zeichen für einen objektiven Begriff wollen wir «*Namen*» nennen, ein Zeichen für einen objektiven Satz nennen wir «*Aussage*». Damit erhalten wir die folgende Tabelle, die unsere Terminologie zusammenfaßt:

Gebiet des Realen:	Seiendes	Sachverhalt
Gebiet der Erkenntnisprozesse:	Begreifen	Urteilen
Gebiet der objektiven Gebilde:	objektiver Begriff	objektiver Satz
Gebiet der subjektiven Gebilde:	subjektiver Begriff	subjektiver Satz
Gebiet der Sprache:	Name	Aussage

Dies ist, selbstverständlich, nur eine vorläufige Orientierung, die im Folgenden verschiedenerweise vertieft werden soll.

ERKENNTNISTHEORETISCHE TERMINOLOGIE. Ein objektiver Satz – und deshalb auch ein subjektiver Satz und eine sinnvolle Aussage – ist immer entweder *wahr* oder *falsch*. Wir wollen die Bedeutung dieser Ausdrücke vorläufig in folgender Weise bestimmen: ein Satz ist wahr genau dann, wenn er zutrifft, d. h., wenn der ihm entsprechende Sachverhalt besteht. Er ist falsch genau dann, wenn er nicht zutrifft, d. h., wenn der ihm entsprechende Sachverhalt nicht besteht. Das Wort «Wahrheit» soll also hier soviel bedeuten wie «die Eigenschaft eines Satzes (bezw. einer Aussage), die darin

besteht, daß der ihm (ihr) entsprechende Sachverhalt besteht».
Analog kann man den Sinn des Wortes «Falschheit» definieren.

Dies ist, selbstverständlich, nur eine der sehr zahlreichen Bedeutungen des Wortes «Wahrheit»: denn es hat nicht nur z. B. in kunsttheoretischer Sprache wenigstens ein Dutzend verschiedene Bedeutungen, sondern auch innerhalb der Logik selbst pflegt man es in mehrfachem Sinne zu gebrauchen. Darüber hinaus geben viele Philosophen dem Wort andere, mehr oder weniger legitime (d. h. zweckmäßige) Bedeutungen.

Wir wählen jedoch die oben genannte Bedeutung, weil, erstens, diese in jeder Wissenschaft, wenigstens neben anderen, vorkommt, und zweitens, weil, wie es scheint, alle anderen Definitionen in irgendeiner Weise diese voraussetzen. Sagt man z. B., daß ein Satz wahr ist, welcher der eigentlichen Existenz des Menschen, der ihn annimmt, entspricht, so stellt sich unmittelbar auf einer höheren Stufe die Frage: ist es *wahr*, daß dieser Satz der eigentlichen Existenz usw. entspricht? Und darin kann «wahr» offenbar nur den obigen Sinn haben. Ja, würde jemand behaupten, jede Wahrheit sei relativ (also dem Wort einen ganz anderen Sinn zuschreiben als wir es tun), dann müßte man doch in *unserem* Sinne fragen: ist das wahr?

Wie dem immer sei: soviel scheint sicher, daß jede Wissenschaft die Aufstellung von wahren Aussagen (im obigen Sinne) anstrebt: sie ist das letzte Ziel des wissenschaftlichen Erkennens. Damit ist natürlich nicht gesagt, daß dieses Ziel immer erreicht wird, ja auch nicht, daß es auf allen Gebieten erreichbar ist; aber die Tendenz dazu bestimmt eindeutig jedes Erkennen – und deshalb ist der von uns hier angenommene Sinn von «Wahrheit» für die Methodologie grundlegend.

Dieses Ziel kann nun offenbar in zweifacher Weise erreicht werden: (1) dadurch, daß man sich den Sachverhalt (sinnlich oder geistig) ansieht; will man z. B. wissen, ob der Satz «Dieser Tisch hier ist braun» wahr ist, so genügt es, den Tisch sich anzusehen; ein solches Erkennen wollen wir *direktes Erkennen* nennen; (2) dadurch, daß man nicht den betreffenden Sachverhalt selbst, sondern andere Sachverhalte sich ansieht, und daraus auf den ersten Sachverhalt *schließt*. Diese Art des Erkennens wollen wir *indirektes Erkennen* nennen. Es sei bemerkt, daß jede Deutung von Zeichen ein indirektes Erkennen ist: was wir dabei sehen, sind einerseits materielle Zeichen (etwa kleine Flecken trockener Tinte), anderseits sehen wir (geistig) gewisse allgemeine Zusammenhänge zwischen solchen Zeichen und Sachverhalten. Daraus schließen wir die Bedeutung der Zeichen im konkreten Fall.

Das Phänomen des indirekten Erkennens selbst sieht freilich sehr merkwürdig aus – man versteht zuerst wohl nicht recht, wie ein solches Erkennen möglich sein soll. *Daß* wir aber manches indirekt erkennen – ja, daß, wie es scheint, jedem Erkennen immer ein indirektes Erkennen wenigstens beigemischt ist – steht außer Frage. Das Wesen des indirekten Erkennens stellt auch sehr schwierige erkenntnistheoretische Probleme. Da wir hier aber ausschließlich auf die Methodologie eingestellt sind, wollen wir diese Probleme beiseite lassen und die bloße Tatsache voraussetzen, *daß* es ein solches Erkennen gibt.

2. *Logik, Methodologie und Wissenschaft*

Für das Verständnis der methodologischen Lehren ist auch eine kurze Beschreibung des Ortes der Methodologie innerhalb des Systems der Wissenschaften notwendig. Dafür müssen wir uns kurz mit dem Begriff der Logik – von welcher die Methodologie ein Teil ist – und der Wissenschaft befassen.

LOGIK. Es gibt wenige Worte – auch unter den philosophischen Fachausdrücken –, die so vieldeutig sind wie das Wort «Logik». Lassen wir hier alle Deutungen außer acht, die mit dem Schließen nichts zu tun haben, so bleibt doch eine Mehrdeutigkeit, oder, besser gesagt, eine Dreiteilung des Gebietes, das durch dieses Wort bezeichnet wird. Die Logik als Wissenschaft, die sich auf das Schließen bezieht, umfaßt nämlich drei Disziplinen, die scharf auseinandergehalten werden sollten.

(1) *Formale Logik*. Die formale Logik erörtert die sogenannten logischen Gesetze, d. h. Sätze, «nach welchen» man schließen muß, falls man von wahren Sätzen zu wahren Sätzen gelangen will. Das Wesen der formalen Logik bietet wieder schwierige Probleme; aber an einigen Beispielen ist es leicht zu zeigen, wovon sie handelt. Ein solches Beispiel ist der bekannte *modus ponendo ponens:* «Wenn: falls *A*, dann auch *B*; und nun *A*; dann *B*». Das ist ein logisches Gesetz. Denn was für Aussagen wir immer für unsere Buchstaben «*A*» und «*B*» einsetzen, erhalten wir eine wahre Aussage – anders gesagt: wir können mit diesem Gesetze aus wahren Aussagen eine andere wahre Aussage ableiten. Ein anderes Bei-

spiel ist der Modus *Barbara:* «Wenn alle *M P* sind und alle *S M*, dann sind auch alle *S P*». Die formale Logik beschäftigt sich mit solchen logischen Gesetzen, ihrer Formulierung, Ordnung, mit Methoden ihrer Verifikation usw.

(2) *Methodologie*. Man könnte meinen, daß die formale Logik allein zur Analyse des indirekten Erkennens genügen könnte. Und doch ist es nicht so. Denn es zeigt sich in der Praxis des wissenschaftlichen Forschens, daß dieselben logischen Gesetze auf verschiedene Weise angewandt werden können. Eine andere Sache ist nämlich das logische Gesetz selbst, eine andere das Schließen, welches gemäß einem solchen Gesetz ausgeführt wird. So z. B. besteht die bekannte Einteilung der Denkverfahren in deduktive und induktive wesentlich nicht im Gebrauch von verschiedenen logischen Gesetzen, sondern in einem verschiedenen Gebrauch derselben Gesetze. Die Theorie der Anwendung von logischen Gesetzen auf verschiedene Gebiete ist nun gerade die Methodologie.

(3) *Philosophie der Logik*. Endlich kann man sich verschiedene Fragen über die Logik selbst und die Natur ihrer Gesetze stellen. Um was handelt es sich? Um sprachliche Gebilde, psychische Prozesse, objektive Strukturen oder gar um Sachverhalte? Was ist eigentlich ein logisches Gesetz? Woher wissen wir, daß es wahr ist? Und kann man überhaupt von Wahrheit in diesem Zusammenhang sprechen? Gelten die logischen Gesetze «an sich» oder sind sie bloß Annahmen? – Weiter: Die logischen Gesetze enthalten oft den Ausdruck «für alle». Was bedeutet er eigentlich? Gibt es überhaupt Allgemeines? Wenn es solches gibt: wo ist es zu finden? Im psychischen, im objektiven oder im realen – oder vielleicht nur im sprachlichen Bereich? Solche und ähnliche Fragen gehören offenbar weder zur formalen Logik noch zur Methodologie: sie bilden den Gegenstand der Philosophie der Logik.

Das Wichtigste hierbei ist eine scharfe Trennung der drei Gebiete. Viel Unheil wurde dadurch angerichtet, daß man sie nicht genügend auseinandergehalten hat.

METHODOLOGIE. Den zweiten Teil der Logik haben wir «Methodologie» genannt. Das Wort stammt aus den griechischen Worten «μετά» – «entlang» und «ὁδός» – «Weg», es bedeutet also buchstäblich soviel wie «ein λόγος», also «eine Rede vom Dem-(richtigen-)Weg-entlang-Gehen». Die Methode ist die Art und Weise, in irgendeinem Gebiet vorzugehen, d. h. unsere Tätigkeit zu ordnen, und zwar einem Ziel zuzuordnen. Die Methodologie ist die Theorie der Methode.

Eine Methodologie kann es für jedes Gebiet geben: so gibt es etwa eine chemische, eine didaktische, eine aszetische und noch viele andere Methodologien. Sie können in zwei Klassen eingeteilt werden: solche, die die Kunstgriffe des *physischen* und solche, die Kunstgriffe des *geistigen* Handelns besprechen. Uns interessieren hier nur die zweiten – wobei aber zu bemerken ist, daß die Methodologie der wissenschaftlichen Forschung in manchen Gebieten, z. B. in der Archäologie, Chemie, Anatomie usw. auch Weisungen für physische Tätigkeiten enthält.

Im Gebiet der geistigen Handlungen kann man wieder verschiedene Klassen von Methoden unterscheiden. Wir beschäftigen uns hier ausschließlich mit *Denkmethoden,* also mit Weisungen für das richtige Denken. Die betreffende Methodologie, d. h. die Wissenschaft des richtigen Denkens, bezieht sich offenbar auf ernstes Denken, also auf das *Erkennen.* Aber nicht alle Methoden des ernsten Denkens werden uns hier beschäftigen. Wir lassen außer Betracht die Methoden des sogenannten praktischen Denkens, etwa der Betriebslehre oder der Strategie, und beschränken uns auf das *theoretische* Denken. Der Unterschied zwischen den beiden besteht darin, daß das praktische Denken sich immer direkt auf etwas bezieht, was der Denkende *machen* kann: man will darin freilich ein Wissen erreichen, aber nur ein Wissen, *wie* man dies oder jenes machen könne. Im Gegensatz dazu hat das theoretische Denken keine solchen Absichten: es bezieht sich ausschließlich auf Sachverhalte, die es erfassen möchte, ganz abgesehen davon, ob diese Sachverhalte in irgendeiner Weise auszunützen seien oder nicht.

Es gibt nun für jeden Bereich des theoretischen Denkens spezielle Methoden und deshalb auch spezielle Methodologien. Diese werden in der jeweiligen Wissenschaft behandelt. Aber es besteht auch eine *allgemeine Methodologie* des theoretischen Denkens: sie behandelt Methoden, welche entweder auf jedes theoretische Denken oder wenigstens auf große Klassen der Wissenschaften Anwendung finden. Diese und nur diese Methodologie ist ein Teil der Logik – und sie allein wird hier behandelt. Es ist die allgemeine Methodologie des wissenschaftlichen Denkens.

WISSENSCHAFT. Das Wort «Wissenschaft» hat unter anderen zwei, wohl koordinierte, aber verschiedene Bedeutungen: man kann es nämlich entweder im subjektiven oder im objektiven Sinne verstehen.

(1) Subjektiv verstanden ist die Wissenschaft nichts anderes als *systematisches Wissen*. Sie ist (a) ein *Wissen*, also eine Eigenschaft des menschlichen – und zwar des *individuellen* – Subjektes. Wer eine Wissenschaft, wie man sagt, besitzt, der hat die *Fähigkeit*, manches in ihrem Gebiete zu verstehen und die dem Gebiete zugehörenden (geistigen) Handlungen richtig auszuführen. So hat z. B. ein Mensch, der die Arithmetik besitzt, die Fähigkeit, arithmetische Gesetze zu verstehen und korrekt arithmetisch zu rechnen. Wissenschaft in diesem Sinne ist nichts anderes als eine solche Fähigkeit – die natürlich mit eigentlichem Wissen, d. i. in unserem Beispiel mit der Kenntnis von vielen Gesetzen, verbunden ist. – Darüber hinaus ist die subjektiv verstandene Wissenschaft (b) ein *systematisches* Wissen. Nicht jeder, der etwas in einem Gebiete weiß, besitzt die betreffende Wissenschaft, sondern nur jener, der das Gebiet systematisch durchforscht hat und außer den einzelnen Sachverhalten auch ihre *Zusammenhänge* kennt.

Man spricht manchmal von wissenschaftlichen Tätigkeiten, also vom Forschen. Diese werden «wissenschaftlich» genannt, weil ihr Ziel in der Bildung bezw. Ausbildung der Wissenschaft im subjektiven Sinne besteht. Denn wer forscht, lernt usw., der bemüht sich um ein systematisches Wissen.

(2) Objektiv verstanden ist die Wissenschaft nicht ein Wissen, sondern ein Gefüge von objektiven Sätzen. In diesem Sinne sagt man etwa «Die Mathematik lehrt» oder «Wir entlehnen aus der Astronomie den Satz ...» usw. Die so verstandene Wissenschaft besteht offenbar nicht «an sich» – aber sie ist auch nicht an einen Einzelmenschen gebunden. Vielmehr handelt es sich bei ihr um ein soziales Gebilde, indem sie im Denken mehrerer Menschen besteht – und zwar oft so, daß keiner von diesen alle ihr zugehörigen Sätze kennt. Die objektiv verstandene Wissenschaft hat folgende Kennzeichen:

(a) Sie ist ein *systematisch geordnetes* Gefüge von objektiven Sätzen – entsprechend dem systematischen Charakter der Wissenschaft im subjektiven Sinne des Wortes.

(b) Zur Wissenschaft gehören nicht alle ihrem Gebiet zugehörigen Sätze – sondern nur jene, welche durch wenigstens einen Menschen *gekannt* sind. Genauer gesagt: außer gekannten Sätzen gibt es keine faktischen, sondern nur mögliche Sätze. Die Wissenschaft besteht nun nicht aus möglichen, sondern aus tatsächlich gebildeten Sätzen. Deshalb kann man von der Entwicklung, vom Fortschritt der Wissenschaft sprechen. Dieser kommt nämlich so zustande, daß die Menschen neue Sachverhalte erkennen und dementsprechend neue Sätze bilden.

(c) Die Wissenschaft ist, wie gesagt, ein *soziales* Werk. Deshalb gehören zu ihr nur solche Sätze, die in irgendeiner Weise objektiviert wurden, d. h. in Zeichen dargestellt wurden, nämlich so, daß sie anderen Menschen mindestens prinzipiell zugänglich sind. Man könnte sich freilich vielleicht auch eine sozusagen individuelle Wissenschaft denken, die von einem einzigen Menschen aufgebaut und nur von ihm gekannt wäre; dieser brauchte sie gar nicht in Zeichen darzustellen. Aber tatsächlich gibt es eine solche Wissenschaft nicht.

Wissenschaft und Logik. Es erhellt aus unserer Beschreibung der Wissenschaft, daß sie von der Logik wesentlich abhängig ist, und zwar in verschiedenem Sinne.

Was zuerst die *Wissenschaft im objektiven Verstande* betrifft, so ist es klar, daß sie logisch aufgebaut sein muß. Denn sie ist ja systematisch aufgebaut, d. h. ihre Sätze stehen untereinander in logischen Beziehungen. In ihren Frühstadien enthält die Wissenschaft freilich oft nur eine Menge von miteinander nicht verbundenen Sätzen: dies wird aber von allen Wissenschaftlern als etwas Unbefriedigendes angesehen, und die Haupttendenz jeder Forschung geht nicht nur auf die Entdeckung von neuen Sachverhalten, sondern auch (und vielleicht vor allem) auf die logische Ordnung der schon festgestellten Sätze. Die Logik – und zwar hier die formale Logik – bildet also den unentbehrlichen Rahmen der so verstandenen Wissenschaft, die die Logik immer voraussetzen muß.

Für die *Wissenschaft im subjektiven Sinne* ist die Logik gleichfalls Voraussetzung. Denn, erstens, ist diese Wissenschaft (als Zustand) ein systematisches Wissen, das im Begreifen der Wissenschaft im objektiven Sinne besteht. Die dieses Wissen ausmachenden Urteile müssen also untereinander ebenso verbunden sein wie die Sätze der objektiven Wissenschaft.

Ist es aber so, dann muß auch die *Forschung* durch die Logik geleitet werden. Und dies sogar in zweifacher Weise: (1) Zuerst darf natürlich der Forscher die logischen Gesetze nicht nur nicht vergewaltigen, sondern er muß auch gemäß diesen Gesetzen vorgehen. Denn das wissenschaftliche Erkennen ist in den meisten Fällen indirektes Erkennen, also Schließen. So ist die formale Logik eine unentbehrliche Voraussetzung des Forschens. (2) Darüber hinaus muß im Forschen, wie man sagt, «methodisch» vorgegangen werden: dies bedeutet, daß man gewisse korrekte Methoden anwenden muß. Solche Methoden werden in jeder Wissenschaft gemäß ihrem besonderen Gegenstand ausgearbeitet. Alles Forschen bedarf aber auch gewisser allgemeiner methodischer Prinzipien, die für alle – oder wenigstens für viele verschiedene – Wissenschaften gelten. Diese allgemeinen methodischen Prinzipien nun werden in der Methodologie erörtert, die, wie gesagt, einen Teil der Logik ausmacht. Somit setzt das Forschen auch deswegen die Logik im weiteren Sinne des Wortes voraus.

Dies ist aber nicht so aufzufassen, als ob der Forscher die formale Logik bezw. die Methodologie erlernen müßte, bevor er an die Forschung geht. Vielmehr wissen wir, daß in den Anfangsstadien einer Wissenschaft die Kenntnis keiner der beiden unentbehrlich ist – es genügen die natürlichen Anlagen. Es ist auch eine Tatsache, daß die Prinzipien der Logik erst aus den Wissenschaften abstrahiert und formuliert werden, wenn diese ziemlich weit fortgeschritten sind. Jedoch bleibt zweierlei bestehen: (1) *jede* Wissenschaft, auch wenn der Forscher es nicht bewußt tut, wird nach logischen und methodologischen Prinzipien aufgebaut; (2) eine reflektierende Formulierung dieser Prinzipien wird in den weiteren Phasen der Entwicklung einer Wissenschaft gewöhnlich notwendig. Die ‚natürliche Logik' genügt für die einfacheren Sachen; kommt man zu komplizierteren, so wird sie meist versagen. Sie versagt aber regelmäßig und vollständig, wenn man über den philosophischen Sinn des Geleisteten sich Rechenschaft geben will: dazu ist die eingehende Kenntnis der formalen Logik und der Methodologie unentbehrlich.

EINTEILUNG. Man könnte nach dem Gesagten meinen, daß die allgemeine Methodologie sich ausschließlich auf das indirekte Erkennen beziehe. Doch ist es nicht so. Auch im Gebiet des direkten Erkennens gibt es gewisse Methoden, die heutzutage fachtechnisch ausgebildet und Gegenstand der allgemeinen Methodologie sind. Unter ihnen nimmt die *phänomenologische* eine ausgezeichnete Stellung ein. Sie ist eine Methode des geistigen Schauens und Beschreibens des Geschauten. Dabei enthält sie aber viele Vorschriften, die ganz allgemein, für jedes Denken, gelten. Auch handelt es sich bei ihr um eine der neueren Methoden, die heute nicht nur ungefähr von der Hälfte der Philosophen gebraucht, sondern auch außerhalb der Philosophie in verschiedenen Geisteswissenschaften angewendet wird, und, wie es scheint, immer größere Anerkennung findet. Die Logik hängt mit ihr eng zusammen, nämlich in ihrem dritten Teil, der Philosophie der Logik. Wir werden die phänomenologische Methode zuerst behandeln.

Von den indirekten Methoden hat man in der letzten Zeit drei Gruppen ausgearbeitet. In der ersten handelt es sich um jene indirekte Erkenntnis, die in der Deutung einer Sprache besteht. Wegen der hervorragenden Wichtigkeit der Sprache in vielen (vor allem historischen, aber auch mathematischen) Wissenschaften gehört die *Sprachanalyse* zur allgemeinen Methodenlehre. Sie bildet gewissermaßen ein Gegenstück zur phänomenologischen Methode: auch in ihr wird nämlich die Sache analysiert, nur in einer ganz anderen, indirekten Weise, durch ein Gefüge von Zeichen.

Weiter werden wir es mit dem Schließen selbst zu tun haben. Wir werden dabei zwei Arten von Schlüssen treffen: die *deduktiven* und die *reduktiven*. (Die Bedeutung dieser Ausdrücke wird später angegeben.)

Wir erhalten somit die folgende Einteilung:
1. Die phänomenologische Methode.
2. Die Sprachanalyse.
3. Die deduktive Methode.
4. Die reduktive Methode.

II. DIE PHÄNOMENOLOGISCHE METHODE

3. Allgemeines

HISTORISCHE VORBEMERKUNGEN. Der Name «Phänomenologie» scheint zum erstenmal von J. H. Lambert in seinem *Neues Organon* (1764) gebraucht worden zu sein. Das Wort tritt dann auch bei Kant (*Metaphysische Anfangsgründe der Naturwissenschaft*, 1786), Hegel (*Phänomenologie des Geistes*, 1807), Renouvier (*Fragments de la philosophie de Sir W. Hamilton*, 1840), W. Hamilton (*Lectures on Logic*, 1860), Amiel (*Journal intime*, 1869), E. v. Hartmann (*Phänomenologie des sittlichen Bewußtseins*, 1879) und anderen auf. Seine Bedeutung ist bei diesen einzelnen Autoren sehr verschieden, es wird jedoch von keinem für eine besondere, genau bestimmte Denkmethode gebraucht.

Erst Edmund Husserl (1859–1938) führte das Wort «Phänomenologie» in diesem Sinne ein. Seine methodologischen Gedanken übten einen entscheidenden Einfluß auf die europäische und teilweise auch auf die amerikanische Philosophie aus. Zwischen den beiden Weltkriegen bildete sich eine bedeutende Schule um ihn (M. Scheler, R. Ingarden, M. Farber, E. Stein, O. Becker, E. Fink, A. Pfänder, A. Koyré u. a.). Später wurde seine Methode mit gewissen Änderungen von den Existenzphilosophen übernommen, sie bildet jetzt das wichtigste Verfahren innerhalb dieser Schule (G. Marcel, M. Heidegger, J.-P. Sartre, M. Merleau-Ponty). Und da die Geisteswissenschaften allgemein in verschiedenen Ländern, vor allem in Deutschland, Frankreich und Italien, stark von der Existenzphilosophie beeinflußt werden, ist die phänomenologische Methode auch für diese Disziplinen von Belang geworden. Auch einige unabhängige Denker – wie N. Hartmann – brauchen eine Art phänomenologischer Methode. Man kann also ohne Übertreibung behaupten, daß jedenfalls auf dem europäischen Kontinent diese Methode für die Philosophie von maßgebender Bedeutung ist. In der nordamerikanischen und englischen Philosophie hingegen wird sie wenig gebraucht.

METHODOLOGISCHE VORBEMERKUNGEN. Es ist nicht ganz leicht herauszustellen, welche Regeln für die phänomenologische Methode von Husserl selbst grundlegend sind. Denn Husserl entwickelte diese Methode erst allmählich im Laufe seiner philosophischen Untersuchungen und stellte sie nie klar zusammenfassend dar. Man findet bei ihm nur gelegentlich methodologische Bemerkungen, die überdies nicht immer leicht verständlich sind. Dazu kommt noch, daß bei Husserl das Wort «Phänomenologie» ebensowohl eine Methode wie auch einen Lehrinhalt bedeutet. Nun kann zwar keine Methode ganz von gewissen inhaltlichen Voraussetzungen losgelöst werden, aber hier ist die Verflechtung von Methode und Inhalt so eng, daß man oft zweifeln mag, ob der rein methodologische Gedanke überhaupt ganz klargestellt werden kann.

Indessen ist doch die folgende Unterscheidung von maßgeblicher Bedeutung. Ein wesentlicher Zug der phänomenologischen Methode ist die sogenannte Reduktion. Und zwar gibt es bei Husserl eine zweifache Reduktion, eine *«eidetische»* und eine *«phänomenologische»* im engeren Sinne. Die eidetische Reduktion arbeitete Husserl vorzüglich in seinen *Logischen Untersuchungen* (1901) aus, die phänomenologische Reduktion im engeren Sinne wandte er seit den *Ideen zu einer reinen Phänomenologie und phänomenologischen Philosophie* (1913) immer mehr an. Wir wollen hier nur auf die erste, die eidetische Art der Reduktion, näher eingehen und die phänomenologische Reduktion ganz unberücksichtigt lassen, denn diese ist so eng mit ganz spezifischen inhaltlichen Lehren Husserls verknüpft, daß sie kaum als eine Methode von allgemeiner Bedeutung betrachtet werden kann.

WESENTLICHE ZÜGE DER PHÄNOMENOLOGIE. Die phänomenologische Methode ist ein besonderes Erkenntnisverfahren. Sie besteht wesentlich in einem geistigen Schauen des Gegenstandes, d. h. sie gründet in einer *Intuition.* Diese Intuition bezieht sich auf das *Gegebene;* die Hauptregel der Phänomenologie lautet: «zu den Sachen selbst», wobei unter «Sachen» eben das Gegebene zu verstehen ist. Dies erfordert aber zunächst eine dreifache Ausschaltung oder «Reduktion», auch «Epoché» genannt: erstens von allem Subjektiven: es muß eine rein *objektivistische*, dem Gegenstand zugewandte Haltung eingenommen werden; zweitens von allem Theoretischen, wie Hypothesen, Beweisführungen, anderswo erworbenem Wissen, so daß *nur das Gegebene* zu Wort kommt; drittens von aller *Tradition*, d. h. allem, was von andern über den Gegenstand gelehrt wurde.

Am gegebenen Gegenstand («Phänomen») wird wieder eine zweifache Ausschaltung durchgeführt: erstens läßt man die *Exi-*

stenz der Sache außer Betracht und richtet die Betrachtung ausschließlich auf die Washeit, auf das, was der Gegenstand ist; zweitens wird von dieser Washeit alles *Unwesentliche* ausgeschaltet und nur das Wesen selbst der Sache analysiert.

Bei diesem Verfahren ist folgendes zu beachten: die «phänomenologische» Ausschaltung ist nicht gleichbedeutend mit einer Leugnung. Man sieht lediglich von den ausgeschalteten Elementen ab, abstrahiert von ihnen und betrachtet ausschließlich das Verbleibende. Die eidetische Ausschaltung enthält auch kein Werturteil über die ausgeschalteten anderen Verfahren und Aspekte; wer phänomenologisch vorgeht, verzichtet deshalb noch nicht darauf, später auch noch andere Verfahren anzuwenden und die außer acht gelassenen Aspekte auch noch zu betrachten. Nur für die phänomenologische Betrachtung selbst, so lange sie dauert, ist die Ausschaltungsregel gültig.

RECHTFERTIGUNG DER PHÄNOMENOLOGISCHEN METHODE. Das phänomenologische Schauen scheint auf den ersten Blick etwas ganz einfaches zu sein, lediglich darin zu bestehen, daß man das geistige Sehvermögen offen hält, gegebenenfalls auch durch äußerliche Bewegung, etwa Reisen, Einnehmen einer bequemen Lage usw., den Gegenstand gut sichtbar vor sich bringt. Eine besondere Methode, die die Denkbewegung selbst regeln würde, scheint auf den ersten Blick gar nicht notwendig zu sein.

Sie ist aber doch erforderlich, und zwar aus zwei Gründen. (1) Der Mensch ist so geartet, daß er eine fast unüberwindliche Neigung hat, in das, was er sieht, fremde, im Gegenstand selbst nicht gegebene Elemente hineinzusehen. Diese Elemente werden entweder durch unsere subjektiven emotionalen Einstellungen in das wirklich Gesehene hineingebracht (so sieht ein feiger Mensch die Kraft des Feindes verdoppelt), oder durch anderswo erworbenes Wissen in den Gegenstand hineingelegt, wir projizieren in den gegebenen Gegenstand unsere Hypothesen, Theorien, Vorstellungen usw. Nun handelt es sich bei der eidetischen Reduktion aber gerade darum, das schlicht Gegebene und nichts anderes zu sehen. Um dies zu erreichen, muß eine sorgfältig ausgearbeitete und eingeübte Methode angewandt werden. (2) Kein Gegenstand ist einfach, sondern jeder ist unendlich komplex, und zwar besteht er aus verschiedenen Komponenten und Aspekten, die nicht gleich wichtig sind. Der Mensch kann aber nicht alle diese Elemente zugleich erfassen, er muß eines nach dem andern beobachten. Auch dies erfordert eine klug durchdachte und eingeübte Methode.

Deshalb *gibt es* nicht nur eine phänomenologische Methode, sondern ist es auch *notwendig*, sie gut zu beherrschen, um richtig zu sehen.

Soweit die Phänomenologen selbst. Ihr Standpunkt wird von den Empiristen und von den Kritizisten bestritten. Aber auch abgesehen von der Bedeutung dieser Streitfrage, darf selbst in einer kurzen Darstellung der zeitgenössischen Denkmethoden ein Kapitel über die phänomenologische Methode nicht fehlen, da sie von einem großen Teil (vielleicht der Mehrheit) der heutigen Philosophen angewandt wird und viele Regeln enthält, die unabhängig von jedem philosophischen Standpunkt gelten. Man könnte sogar fast alle Regeln der phänomenologischen Methode als allgemeine wissenschaftliche Regeln hinstellen. Das entspräche allerdings nicht der Intention der Phänomenologen selbst. Indessen bleibt die objektive Tatsache bestehen, daß sie wichtige allgemeingültige Regeln für das theoretische Denken formulierten.

4. Zu den Sachen selbst!

WESENSSCHAU. Die bereits genannte Hauptregel der phänomenologischen Methode «zu den Sachen selbst!» bedeutet zunächst, daß man diese Sachen geistig *sehen* soll. Die phänomenologische Methode ist eine Methode der Intuition, des geistigen Schauens. Nach den Phänomenologen liegt ein solches Schauen überhaupt jeder wahren Erkenntnis notwendigerweise zugrunde. In Husserlscher Terminologie lautet der Satz: *das originär gebende Bewußtsein ist die alleinige Rechtsquelle der Erkenntnis.* Denn jedes indirekte Erkennen, also Schließen, ist ein Schließen aus etwas, und dieses Etwas muß letzten Endes ein Geschautes sein. Schauen kann man aber nur das Gegebene. Dieses, die «Sache», heißt bei Husserl «Phänomen», vom griechischen φαινόμενον, das was erscheint, was klar vor uns liegt (φῶς = Licht). Das Schauen selbst aber ist ein (innerliches, geistiges) Aussprechen des Phänomens, griechisch λέγειν. Daher der Name «Phänomenologie»; sie ist ein Aussprechen des Gegebenen, des direkt in der geistigen Schau Gegebenen.

Hierzu ist folgendes zu bemerken: (1) Die Intuition wird sowohl dem diskursiven Erkennen als auch der Abstraktion entgegengestellt. Wir brauchen das Wort hier nur in ersterem Sinne, d. h. wir verstehen unter «Intuition» ein direktes, aber *nicht* ein erschöpfendes Erfassen des Gegenstandes. Die menschliche Erkenntnis ist nämlich wesentlich abstraktiv, sie erfaßt nur *Aspekte* des Gegebenen und ist nicht imstande, *alles,* was im Gegebenen vorhanden ist, zu erschöpfen. Eine Intuition im Sinne einer erschöpfenden Erkenntnis gibt es nicht, jedenfalls nicht bei uns Menschen. (2) Man wirft den Phänomenologen manchmal vor – und vielleicht nicht ganz ohne Grund – daß sie jede andere Form des Wissens, z. B. das Wissen um Wahrscheinliches, ausschließen möchten. Indessen besagt ihre Regel nichts derartiges. Ein Wissen, daß etwas wahrscheinlich ist, besteht offenbar nur zu oft, aber es bleibt ein *Wissen*. Wenn also auch ein Satz nur mit Wahrscheinlichkeit behauptet wird, so muß der Behauptende dabei doch *wissen,* daß dieser Satz wahrscheinlich ist. Die Wahrscheinlichkeit einer Aussage kann aber nur durch ein Schließen erkannt werden, und ein solches Schließen setzt immer eine Gewißheit von etwas voraus, also ein *Erfassen* gewisser Gegenstände. In diesem und nur in diesem Sinne gilt der phänomenologische Grundsatz. Würde er so verstanden, daß wir nur mit Gewißheit wissen können, dann wäre er offenbar unrichtig.

OBJEKTIVISMUS. Die zweite Hauptregel der phänomenologischen Methode, wie sie Husserl selbst vertrat, könnte so formuliert werden: *In der Forschung soll das Denken ausschließlich auf den Gegenstand gerichtet sein mit vollständiger Ausschaltung alles Subjektiven.* So formuliert, gehört diese Regel zum Gemeingut der abendländischen wissenschaftlichen Methode. Sie enthält zwei verschiedene, aber eng miteinander verbundene praktische Prinzipien.

Zunächst verlangt sie, daß der Forscher sich dem Gegenstand der Forschung sozusagen vollständig ergebe und nur das Objektive sehe. Er muß also alles, was von ihm selbst, vom Subjekt, stammt, vor allem seine Gefühle, Wünsche, persönlichen Einstellungen usw. ausschalten. Denn erforderlich ist eine reine Schau, eine rein theoretische Einstellung im ursprünglichen griechischen Sinne des Wortes «Theorie» (= Schauen). Der Forscher, der nach dieser Regel vorgeht, ist ein rein erkennendes Wesen, das sich selbst vollständig vergißt.

Zweitens verlangt diese Regel eine kontemplative Haltung, d. h. die Ausschaltung des Praktischen. Der Forscher darf sich nicht fragen, wozu dies oder jenes dienen könne, sondern einfach und allein, wie es *ist*. Allerdings kann das Gebiet des Praktischen, z. B. des Moralischen und des Religiösen, selbst phänomenologisch untersucht werden, wie dies z. B. in Arbeiten von Scheler und Otto geschieht, aber dann wird der praktische Gegenstand, wie Zwecke, Werte usw., auch rein kontemplativ betrachtet. Die Phänomenologie ist auch in dem Sinne durch und durch theoretisch, daß sie unpraktisch ist.

Selbstverständlich ist der Objektivismus, den die Phänomenologen anstreben, nur ein Ideal. Der Mensch ist nicht nur Intellekt, auch bei der Forschung spielen emotionale Motive immer mehr oder weniger mit. Und gewisse emotionale Motive scheinen die Forschung sogar zu fördern, so der Wille, das leidenschaftliche Begehren des Wissens. Im übrigen trüben allerdings Gefühle und Willensakte nur zu oft die Reinheit des wissenschaftlichen Schauens. Trotzdem scheint es praktisch unmöglich, sie ganz auszuschalten; die phänomenologische Regel wird freilich dadurch nur umso wichtiger. Denn wer sich nicht ständig und bewußt bemüht, sie einzuhalten, wird umso eher dem Subjektivismus verfallen. Die gewaltigen Errungenschaften unseres Kulturkreises verdanken wir aber, wie die Phänomenologen mit Recht hervorheben, gerade dem Objektivismus.

Das subjektive Denken Kierkegaards. Gegen diese altbewährte und neuerdings besonders wieder durch Husserl eingeschärfte Regel des Objektivismus wehren sich die Schüler Sören Kierkegaards, die Existenzphilosophen. Sie behaupten, der Objektivismus sei für die philosophische Forschung unzulänglich, der Forscher, der ‚subjektive Denker', müsse im Gegenteil «sich ängstigen». «*Je ne suis pas au spectacle*» will G. Marcel sich täglich wiederholen. Die Existenzphilosophen halten auch das rein theoretische Denken für nichtig. Sie gehen oft sogar soweit, zu behaupten, das echt philosophische Denken sei gegenstandslos, denn es bezöge sich auf die sogenannte Existenz (das menschliche Dasein), die gerade kein Gegenstand, kein Objekt, sondern ein Subjekt sei.

Diese heute sehr populären Behauptungen der kontinentalen Philosophen erweisen sich bei näherer Prüfung als weniger revolutionär als es anfänglich scheint.

(1) Zunächst ist zu bemerken, daß das Wort «Objekt» (bzw. «Gegenstand») mehrdeutig ist. In der Husserlschen Terminologie ist «Gegenstand» alles, was gegeben ist, was man betrachtet. Die

Existenzphilosophen hingegen nehmen das Wort im buchstäblichen Sinne: Gegenstand ist, was dem Ich gegenübersteht. In diesem Sinne kann natürlich das Ich (die sogenannte Existenz) kein Objekt sein. Wenn wir aber die Existenz betrachten, dann ist sie doch ein Objekt im ursprünglich-phänomenologischen Sinne, denn Objekt ist das, worüber wir sprechen. Sprechen wir also von der Existenz, dann ist sie für uns zum Gegenstand geworden. Die Existenzphilosophen fassen zudem die Existenz als etwas auf, was nie fertig ist, was keine festen Umrisse hat; das Objekt aber, sagen sie, ist geformt und faßbar. Auch deshalb ist nach ihnen die Existenz kein «Gegenstand». Die ursprüngliche phänomenologische Terminologie bestimmt aber den Gegenstand in keiner Weise, daher kann auch die Existenz hier «Gegenstand» genannt werden. Es liegt also eigentlich nur ein Streit um die Worte vor.

(2) Wenn die Existenzphilosophen u. a. in der Angst einen für das Erfassen der Existenz notwendigen Zustand sehen, dann meinen sie offenbar, daß der besondere Gegenstand, der ich selbst bin (meine Existenz), sich am besten in solchem emotionalen Zustande erschließe. Vielleicht trifft dies zu, aber damit ist nicht gesagt, daß auch die eigentliche Forschung im Zustande der Angst möglich wäre. Das Werk Sartres *Sein und Nichts*, zum Beispiel, läßt keinen Zweifel darüber, daß sein Verfasser diese gewaltige Denkarbeit in vollständig kontemplativer Einstellung, kühl und wissenschaftlich durchgeführt hat. Vielleicht war die Angst eine Vorbedingung dieser Forschung, sicher aber nicht ein Zustand, der *während* der Forschungsarbeit diese gefördert hätte, er hätte vielmehr die ruhige Analyse unmöglich gemacht.

(3) Der Gegenstand der durch die Existenzphilosophen empfohlenen Methode ist die menschliche Existenz, also etwas ganz Besonderes. Die Existenzphilosophen meinen zwar, jeder Gegenstand stehe notwendig in Beziehung zu dieser Existenz und könne philosophisch erst auf Grund einer Erhellung der Existenz begriffen werden. Das ist aber eine These, die nicht allgemein anerkannt ist und jedenfalls in den Naturwissenschaften nicht zutrifft. Diese haben bis heute erfolgreich die Deutung des Seienden *ohne* Bezug auf die Existenz durchgeführt und sind grundsätzlich objektivistisch verfahren.

Übrigens ist in den Werken von Heidegger und Sartre, also von zwei führenden Existenzphilosophen, die objektivistische Methode geradezu mustergültig angewandt.

Ausschaltung der Theorie und der Tradition. Die Regel «zu den Sachen selbst» verlangt nicht nur die Ausschaltung der subjektiven Haltungen, sondern auch alles an sich Objektiven, das aber im Gegenstand der Betrachtung nicht direkt gegeben ist. Dazu gehört aber alles, was wir anderswoher oder durch Schließen wissen. Man soll nur das, was gegeben ist, das Phänomen, sehen und nichts weiter.

(1) Zuerst verlangt die Regel, daß alle Theorien, Schlüsse, Hypothesen usw. ausgeschlossen bleiben. Damit wollen die Phänomenologen nicht ein indirektes Erkennen überhaupt nicht gelten lassen; sie lassen es wohl zu, aber erst *nach* der phänomenologischen Grundlegung. Diese bildet den absoluten Anfang; sie begründet unter anderm auch die Rechtskraft der Schlußregeln, und deshalb darf man im Laufe der phänomenologischen Untersuchung keinen Gebrauch von mittelbaren Erkenntnisverfahren machen.

(2) Die Ausschaltung der Tradition hängt hiermit zusammen. Es handelt sich dabei nicht nur um das schon von Thomas von Aquin nachdrücklich formulierte Prinzip, nach welchem die Berufung auf eine menschliche Autorität das schwächste Argument bildet, sodaß man sich nie auf das, was andere behaupten, als auf eine sichere Grundlage stützen darf. Die phänomenologische Methode verlangt nicht nur eine strenge Anwendung dieses thomistischen Prinzips, sondern darüber hinaus, daß der ganze ‚Stand der Wissenschaft', ob er durch den Forscher nachgeprüft sei oder nicht, ausgeschaltet werde. Die Sachen allein, die Phänomene, so wie sie vor dem geistigen Auge des Forschers liegen, sollen zur Sprache kommen und nichts anderes.

Praktisch sind diese Postulate wie jenes des strengen Objektivismus ungemein schwer, ganz rein wohl überhaupt nicht durchführbar. Im menschlichen Geist ist das Schauen mit dem Schließen so eng verbunden, daß wir nur mit größter Mühe beide auseinander halten können. Wir projizieren auch unwillkürlich immer unser früher erworbenes Wissen in den Gegenstand. Eine lange und strenge Schulung ist nötig, um das reine Schauen zu erlernen.

Zur Illustration dieser Regel seien zwei Beispiele aus der Seminarpraxis angeführt. Ein Student, der einen *roten Flecken* phänomenologisch beschreiben soll, fängt so an: «ich sehe einen roten Flecken auf der Tafel. Dieser Flecken besteht aus kleinen Teilchen roter Kreide» ... Das ist nun schon nicht mehr phänomenologisch: daß dieser Flecken aus Teilchen von Kreide besteht, weiß der Student, weil er vorher gesehen hat, wie ihn der Professor mit

Hilfe der Kreide machte; im Gegenstand selbst ist die Kreide gar nicht gegeben. – Ein anderes Beispiel: Ein Student unternimmt folgende Analyse des Pflichtbewußtseins: «das Pflichtbewußtsein entsteht in unserem Bewußtsein, wenn gewisse komplizierte physiologische Prozesse im Gehirn stattfinden». Das ist phänomenologisch offenbar ganz falsch: sein eigenes Gehirn hat der Mann nie gesehen und noch weniger die physiologischen Prozesse, die in diesem Gehirn stattfinden sollen. Das Phänomen des Pflichtbewußtseins hat, als Phänomen, mit ihnen überhaupt nichts zu tun.

Positive Regeln der Wesensschau. Man könnte meinen, das Schauen selbst sei ein so einfacher Vorgang, daß keine besonderen Regeln dafür notwendig seien und es genüge, die Augen des Geistes offen zu halten, um den Gegenstand richtig zu sehen. Das ist aber nicht der Fall. Wir haben schon auf einige negative Regeln des phänomenologischen Verfahrens hingewiesen: wenn der Forscher keine genügende Schulung im Schauen hat oder sogar auch nur nicht genug aufpaßt, um nur das zu sehen, was vor ihm liegt, wird er subjektive Elemente, Theorien, traditionelle Ansichten u. a. m. in den Gegenstand hineinprojizieren. Es gibt aber auch positive Regeln des Verfahrens. Sie können folgendermaßen formuliert werden.

(1) Man soll *alles*, was gegeben ist, soweit als möglich sehen. Diese an sich einleuchtend einfache Regel muß deshalb ausdrücklich formuliert und bewußt angewandt werden, weil der Mensch so geartet ist, daß er eine starke Neigung hat, nur einige Aspekte des Gegebenen zu sehen. Uexküll hat gezeigt, daß die Tiere nur das für sie vital Wichtige erfassen; der Mensch hat aber vieles mit dem Tier gemeinsam. Was er mehr hat, besteht unter anderm darin, daß er eines theoretischen, un-praktischen Erkennens fähig ist. Trotzdem sind wir nur allzu geneigt, gewissen Elementen des Gegebenen gegenüber blind zu bleiben. Die erste Aufgabe der phänomenologischen Forschung ist also die Aufdeckung übersehener Phänomene.

(2) Ferner soll das phänomenologische Schauen *deskriptiv*, beschreibend sein. Das heißt, der Gegenstand soll auseinandergelegt, seinen Teilen nach beschrieben, analysiert werden. Denn jeder Gegenstand ist unendlich komplex. Je klarer nun die Schau ist, desto besser können die Elemente unterschieden und auseinander gehalten werden. Heidegger nennt diese Analyse «Auslegung» oder «Hermeneutik». Es sei aber ausdrücklich darauf hin-

gewiesen, daß diese phänomenologische Hermeneutik oder Deutung nicht mit der Reduktion (die wir nachfolgend im 5. Abschnitt besprechen) zu verwechseln ist; hier handelt es sich um ein direktes, dort um ein mittelbares Erkennen.

5. Gegenstand der phänomenologischen Forschung

PHÄNOMEN. Der Gegenstand der phänomenologischen Anschauung und Auslegung wird von Husserl und seinen Schülern «Phänomen» genannt. Dieses Wort hat aber außer der phänomenologischen noch verschiedene andere Bedeutungen; wir besprechen sie kurz, um Mißverständnisse zu vermeiden.

(1) Einmal wird das «Phänomen» der «Wirklichkeit» gegenübergestellt: man bezeichnet damit einen *Schein*. Das hat nun mit dem phänomenologischen Sinne des Wortes gar nichts zu tun. Ob das Gegebene ‚wirklich' oder ‚nur Schein' ist, spielt für die Phänomenologen keine Rolle. Das einzig Wichtige ist für sie, daß es sich um etwas schlechthin Gegebenes handelt.

(2) Ferner stellt man oft das Phänomen als *Erscheinung* dem «Ding selbst» gegenüber. In diesem Sinne zeigt sich das Ding durch das Phänomen etwa so wie die Krankheit durch das Fieber. Auch dies meinen die Phänomenologen nicht. Ein eventuell hinter dem Phänomen liegendes ‚Ding selbst' interessiert sie gar nicht, sie wollen nur das Phänomen selbst, das Gegebene schauen.

(3) In den Naturwissenschaften wird das Wort «Phänomen» gebraucht, um Vorgänge, die sich sinnlich beobachten lassen, zu bezeichnen. Diese Bedeutung ist viel enger als jene, welche die Phänomenologen dem Worte beilegen, denn erstens ist es nach ihnen gar nicht nötig, daß man das Phänomen sinnlich beobachten kann (wie wir noch sehen werden, genügt es, wenn das Phänomen vorgestellt ist), und zweitens braucht es kein Vorgang zu sein; obwohl der Phänomenologe auch Vorgänge erforschen kann, behandelt er vor allem Strukturen.

Der Sinn des Wortes «Phänomen» ist also hier, um mit Heidegger zu sprechen: das *Sich-an-sich-selbst-zeigende*, das was sich selbst, und zwar so wie es ist, zeigt, was klar vor uns liegt.

AUSSCHALTUNG DER EXISTENZ. Die bis jetzt genannten Ausschaltungen (des Subjektiven, des Theoretischen und der Tradition) genügen noch nicht. Eine echte phänomenologische Methode verlangt, daß auch die Existenz des Gegenstandes ausgeschaltet werde. Es ist also gleichgültig, *ob* der Gegenstand überhaupt existiert oder nicht, sein Dasein kommt überhaupt nicht in Betracht. Wenn man z. B. eine phänomenologische Untersuchung eines roten Fleckens durchführt, ist es ganz gleichgültig, ob es überhaupt in der Welt einen roten Flecken gibt oder nicht.

Darin liegt einer der Grundunterschiede zwischen der phänomenologischen und der empirischen Methode. In der letztgenannten geht man von der Feststellung von Tatsachen aus, d. h. man stellt zunächst fest, das etwas *tatsächlich* so und so ist. Man stellt z. B. fest, daß diese oder jene Wassermenge an einem bestimmten Ort und zu einer bestimmten Zeit sich wirklich vorfand. Bei dem phänomenologischen Vorgehen hingegen gibt es keine solche Feststellung. Die Tatsachen haben hier keine Bedeutung.

Ein Bedenken wird sich hier erheben: Wie kann man dann aber noch vom *Gegebenen* in der Phänomenologie sprechen? Das Gegebene scheint doch das wirklich Bestehende zu sein. Dazu ist zu sagen, daß allerdings jeder Gegenstand letzten Endes existieren oder wenigstens in einem Existierenden begründet sein muß, um gegeben sein zu können. Daraus folgt aber keineswegs, daß die Phänomenologie die Existenz des Gegenstandes betrachten müsse. Denn selbst dann, wenn der Gegenstand existiert, kann man von seiner Existenz absehen und nur seine Washeit betrachten, wie dies die Phänomenologen tun; zudem kann man auch bloß vorgestellte Gegenstände betrachten.

WESEN. Der eigentliche Gegenstand der phänomenologischen Untersuchung soll das Wesen, das εἶδος, sein. Auch dieses Wort hat mehrere Bedeutungen, die kurz festzustellen sind, um den besonderen Sinn zu erfassen, den ihm die Phänomenologen geben.

(1) Das Wort «Wesen» wird geläufig in Wendungen gebraucht wie «der Mensch ist ein sterbliches Wesen». Hier bedeutet «Wesen» ungefähr dasselbe wie «Ding»; freilich eher ein lebendiges Ding. Im phänomenologischen Sprachgebrauch wird aber kein solches Ding, z. B. kein Mensch, als «Wesen» bezeichnet. «Wesen» heißen hier nur Aspekte, gewisse Elemente, Inhalte eines solchen Dinges.

(2) Man spricht ferner auch vom «Wesen einer Sache», etwa vom Wesen des Lebens. Auch dies ist nicht die Bedeutung, welche die Phänomenologen dem Wort geben. Während das Wesen des Lebens z. B. nur schwer zugänglich ist, liegt das phänomenologi-

sche Wesen vielmehr klar vor dem Betrachter, es ist durchaus kein ‚verborgenes Wesen‘, im Gegenteil, ein Phänomen, ein Sich-selbst-zeigendes.

(3) Schließlich muß das Wesen im phänomenologischen Sinne vom aristotelischen εἶδος unterschieden werden. Der phänomenologische Begriff ist umfangreicher. Aristoteles kennt neben seinem εἶδος noch andere, notwendig mit ihm zusammenhängende Bestimmungen, die Eigentümlichkeiten (ἴδια). Die Phänomenologie hingegen faßt alles, was notwendig im Phänomen zusammenhängt, terminologisch als «Wesen» zusammen, also auch die aristotelischen Eigentümlichkeiten.

Das phänomenologische Wesen schließt also zwei Arten von Faktoren aus: die *Existenz*, das Dasein, und alles *Zufällige*. Man könnte dieses Wesen als Grundstruktur des Gegenstandes bezeichnen. Nur darf man dann unter «Struktur» nicht etwa ein bloßes Gefüge von Beziehungen verstehen, sondern muß das Wort für den ganzen grundlegenden Inhalt mit Einschluß der Qualitäten usw. gebrauchen.

WESEN UND WORTBEDEUTUNG. Um den Begriff des Wesens weiter zu klären, wollen wir kurz den Standpunkt der Empiristen, die die Wesen leugnen, und die phänomenologische Stellungnahme zu dieser Auffassung darlegen.

Nach den Empiristen ist das Wesen relativ. Was von einem Standpunkt aus für eine Sache wesentlich ist, kann von einem andern aus unwesentlich sein. An einem Dreieck aus Holz z. B. wird jemand, der sich für dessen geometrische Beschaffenheit interessiert, nur die geometrischen Eigenschaften als wesentlich ansehen, er wird also sagen, daß für diesen Gegenstand nur die drei Seiten, drei Winkel usw. wesentlich sind, und die Tatsache, daß er aus Holz oder so und so viel Zentimeter lang ist, belanglos, unwesentlich ist. Für einen anderen Beobachter hingegen, der sich nicht für die geometrischen Eigenschaften, sondern gerade für den Stoff interessiert, aus welchem dieses Dreieck gemacht ist, wird das Aus-Holz-sein wesentlich, die geometrische Form aber, die drei Seiten und drei Winkel, unwesentlich sein. Man könnte nun freilich bemerken, daß wir mit dem Wort «Dreieck» gerade eine dreiseitige, dreiwinklige Figur meinen. Dieser Einwand würde aber die Empiristen gar nicht beirren, sie betonen ja eben das Wort «meinen»: das Wesen ist nach ihnen, wie man an diesem Beispiel sieht, das und nur das, was wir mit einem Wort meinen;

Wesen ist nichts anderes als Wortbedeutung. Und da alle Wortbedeutungen relativ sind – man kann durch dasselbe Wort sehr viel Beliebiges bezeichnen – ist das Wesen des Gegenstandes ein relativer Begriff: was für einen Betrachter wesentlich ist, kann für einen andern ganz unwesentlich sein. Alles hängt ausschließlich von der Bedeutung ab, die wir den Worten, und zwar willkürlich, geben. In den Sachen selbst gibt es kein Wesen, alle Aspekte der Sache sind an sich gleichwertig. Erst der Mensch macht durch seine Konventionen Unterschiede zwischen Wesentlichem und Unwesentlichem, und zwar dadurch, daß er den Worten Bedeutungen zulegt.

Dieser Gedankengang wird nun von den Phänomenologen als unbefriedigend abgelehnt. Zwar ist zuzugeben, daß die Wortbedeutung relativ ist, und wahr ist auch, daß wir in derselben Sache einmal einen Aspekt – z. B. die geometrische Form – ein andermal einen andern – z. B. den Stoff – ins Auge fassen und analysieren können. Aber gerade diese Aspekte sind nach den Phänomenologen «Gegenstände», z. B. ist das Aus-Holz-sein ein solcher Gegenstand. Dieser hat, an sich und ganz unabhängig von der Benennung, die wir ihm geben, gewisse notwendige Eigenschaften. So ist z. B. jede Sache, die aus Holz besteht, auch räumlich und ausgedehnt, und zwar nicht deshalb, weil wir sie «Holz» nennen, sondern deshalb, weil sie so geartet ist. Würden wir anstatt «Holz» «Geist» sagen, dann könnte diese neue Benennung des Gegenstandes absolut nichts an seiner Struktur ändern: er würde weiter stofflich und ausgedehnt sein. Hingegen ist bei dem Holz die geometrische Form unwesentlich, und dies auch unabhängig davon, wie wir es nennen, während bei dem Dreieck (d. h. dem, was wir normalerweise «Dreieck» nennen) diese Form wesentlich ist. Die Relativität der möglichen Standpunkte besteht also in nichts anderem als in der Möglichkeit, verschiedene Gegenstände ins Auge zu fassen, und hat mit unserm Problem überhaupt nichts zu tun. Ebenso belanglos ist in diesem Zusammenhang die Relativität der Wortbedeutungen.

PHÄNOMENOLOGIE DER EXISTENZ. Nach dem bisher Ausgeführten mag es merkwürdig scheinen, daß die meisten heutigen Schüler Husserls sich gerade mit der Existenz befassen. Das Wort «Existenz» hat allerdings bei den Existenzphilosophen, zu denen diese Schüler Husserls gehören, eine engere Bedeutung als bei den andern Philosophen, es bedeutet hier nur die *menschliche* Existenz.

Aber diese wird doch ganz ausdrücklich als Dasein aufgefaßt, also
– scheinbar in Umdrehung des Husserlschen Verfahrens – ihr
Sosein, ihr Wesen von der Betrachtung ausgeschaltet. So behaupten diese Philosophen jedenfalls vorzugehen. Sehen wir aber näher
zu, wie sie wirklich vorgehen, dann zeigt sich, daß sie im Grunde
den Husserlschen Standpunkt kaum verlassen haben. Wir stellen
nämlich folgendes fest.

(1) Sie behandeln das *Gegebene*, das Phänomen, und wollen
prinzipiell ein indirektes Erkennen aus ihren Untersuchungen
ausschließen. Sie sagen zwar nicht, ihre Methode sei ein Schauen,
aber da durch eine emotionale Haltung eine Erkenntnis höchstens
vorbereitet, nicht wirklich zustande kommen kann, muß der geistige Akt, der schließlich stattfindet, wohl eine Art Schauen sein,
wie immer man es auch nennen möge.

(2) Der Gegenstand ihrer Untersuchung, also die genannte
menschliche Existenz wird *beschrieben* und im echt phänomenologischen Sinne ausgelegt. Heidegger hat, wie gesagt, die beste uns
bekannte theoretische Darstellung dieser Auslegung gegeben,
Sartres Hauptwerk trägt den Untertitel *Versuch einer phänomenologischen Ontologie*, und von Marcel liegt eine *Phänomenologie des Habens*
vor. Tatsächlich wenden also diese Philosophen die Methode der
phänomenologischen Analyse auf ihren Gegenstand an.

(3) Diese Analyse zeigt immer, daß die genannte Existenz eine
«*Struktur*», wie diese Philosophen sagen, besitzt. Heidegger hat
sogar einen eigenen Namen für die Elemente dieser Struktur eingeführt, er nennt sie «Existentiale». Die Erörterung der Existenz
nimmt überhaupt bei den Existenzphilosophen einen großen
Raum ein.

(4) Obwohl sie immer wieder behaupten, sie behandelten nur,
um mit Heidegger zu sprechen, das je-meinige, das einmal Vorkommende, ist doch offenbar, daß das, was die Existenzphilosophen entdeckt zu haben glauben, jeder menschlichen Existenz
zukommt. Es ist nicht schlechthin eine Struktur, sondern eine
notwendige Struktur dieser Existenz.

Die Leistung der Existenzphilosophen besteht also in dem Aufweis, daß man in der Existenz selbst ein Wesen finden kann. Ein
bedeutender zeitgenössischer Philosoph hat dies einmal dahin
formuliert, die Existenzphilosophen seien extreme Essenzphilosophen. Jedenfalls bleibt ihre Behandlung der menschlichen Existenz durchaus im Rahmen der phänomenologischen Methode.

ÜBER NEUERE UND «TIEFERE» PHÄNOMENOLOGIE. Schon Husserl selbst und desto mehr viele unter seinen Nachfolgern haben sich vor allem an die sog. «Konstitution» des Gegenstandes interessiert. Sie haben versucht vor-gegenständliche Gegenstände, wenn man sich so ausdrücken darf, zu untersuchen; in den meisten Fällen handelt es sich dabei um einen Nachweis, *daß* der Mensch seine Gegenstände in eine oder andere Weise erzeugt und um eine Erklärung *wie* er es tut. Gleichzeitig kommt – wenigstens bei einigen, aber ziemlich zahlreichen Denkern – zum Gebrauch von Methoden, die mit dem früh-husserlschen, schlichten Schauen nicht das mindeste zu tun haben. Von diesem Standpunkt aus wird alles hier gesagte als elementar und vielleicht sogar vor-philosophisch, vor-phänomenologisch angesehen werden.

Das ist aber eine ganz besondere, obwohl im kontinentalen Europa unter den Philosophen weitverbreitete, Haltung. Keine echte Einzelwissenschaft und auch kein Philosoph, der nicht gerade zu dieser Schule gehört, wird die genannte Methode anerkennen oder gebrauchen können. Hier aber handelt es sich um die *allgemeinen* Denkmethoden. Somit brauchen die damit zusammenhängenden Probleme durch uns nicht weiter erörtert werden.

III. DIE SEMIOTISCHEN METHODEN

6. Allgemeines

METHODOLOGISCHE VORBEMERKUNGEN. Wir rechtfertigen im folgenden noch die Einschaltung dieses Kapitels über die Sprache in die Darstellung der heutigen Denkmethoden. Vorerst seien kurz zwei einzelne methodologische Punkte berührt.

Man könnte sich fragen, warum wir die Erörterung der sprachlichen Probleme an diejenige der phänomenologischen Methode anschließen. Der Grund liegt darin, daß die Sprachanalyse, wenn auch nicht ohne Belang für das direkte Erkennen, doch noch viel wichtiger für das mittelbare Erkennen ist. Denn hier ist der Gegenstand ja nicht gegeben und der Gang des Denkens gewöhnlich viel komplizierter, sodaß eine Fixierung in Symbolen viel notwendiger wird. Wie wir noch sehen werden, kommt man dabei auch zu Verfahren, in welchen der Gebrauch der Sprache ganz wesentlich wird. Deshalb *können* die semiotischen Methoden nach den phänomenologischen, *müssen* aber vor den andern Methoden besprochen werden.

Eine andere, viel schwierigere Frage ist, wie man das semiotische Gebiet vom deduktiven unterscheiden soll. Nach gewissen philosophischen Schulen, so vor allem der logisch-empiristischen, sind Logik und Sprachanalyse dasselbe. Auch wenn man diesen extremen Standpunkt nicht teilt, ist es oft nicht leicht, beide Gebiete zu unterscheiden. Schon Aristoteles hat seine Semiotik (die ersten 5 Kapitel der Abhandlung *Über die Aussage*) seiner Logik eingegliedert. Die Unterscheidung beider wird jedenfalls vom methodologischen Standpunkt, ganz abgesehen von der jeweiligen grundsätzlichen philosophischen Einstellung, immer ziemlich willkürlich und bis zu einem gewissen Grade relativ sein. Hier wird sie folgendermaßen vorgenommen: alles, was die *Richtigkeit* der Aussagen anbelangt, wird im Kapitel über die Deduktion und alles, was den *Sinn* von Ausdrücken betrifft, im semiotischen Kapitel behandelt.

HISTORISCHE VORBEMERKUNGEN. Schon die Sophisten (Kratylos u. a.) und Plato berührten gelegentlich semiotische Probleme. In systematischer Form hat sie als erster Aristoteles behandelt. Sein Werk *Über die Aussage* enthält u. a. das erste bekannte System der syntaktischen Kategorien. Eine bedeutende Entwicklung erfuhr die Semiotik dann bei den Stoikern und Scholastikern, bei letzteren vor allem in den «Grammaticae speculativae». Leider sind die Werke der Stoiker bis auf wenige Fragmente verloren gegangen, und die scholastische Semiotik ist bis heute fast unerforscht geblieben. Die sogenannte «moderne» Zeit hat wenig Fortschritte auf diesem Gebiet zu verzeichnen, erst die Entwicklung der mathematischen Logik hatte neue derartige Forschungen im Gefolge. Husserl (der zwar kein mathematischer Logiker war) führte in seinen *Logischen Untersuchungen* bedeutende semiotische Analysen durch, während G. Frege das Gedankengut der alten Stoa wiederaufbaute und teilweise erweiterte. Die neuere Forschung knüpft vor allem an die Meta-Mathematik D. Hilberts an. Als bedeutendste heutige Forscher auf dem Gebiete sind A. Tarski (1935) und R. Carnap (1937) zu nennen. Der Name «Semiotik» stammt wie die allgemeine Einteilung dieser Wissenschaft von Ch. Morris (1938). Heute wird die Semiotik eifrig betrieben und weiterentwickelt, zum Teil auch dank einer Anregung durch andere Wissenschaften, vor allem die Physik, die nach einer viel genaueren als der bisherigen Sprachanalyse verlangen. Auch die allgemeine Einstellung der logisch-empiristischen Schule, welche die Sprachanalyse als alleinigen Gegenstand der Philosophie betrachtet, hat die Entwicklung wesentlich gefördert.

ALLGEMEINE RECHTFERTIGUNG DER SPRACHANALYSE. Aus mehreren Gründen sind die Zeichen, also der Gegenstand der Semiotik, für die wissenschaftliche Methode wichtig, ja notwendig geworden.

(1) Die Wissenschaft ist ein Gemeinschaftswerk, sie kann nur durch die Zusammenarbeit vieler durch die Zeiten hindurch zustande kommen. Diese Zusammenarbeit verlangt aber die Mitteilung des Wissens, und diese kommt durch Zeichen, vornehmlich durch gesprochene und geschriebene Worte, zustande. Die Worte sind also durchaus keine Nebensache, sondern ein wesentliches Mittel der Wissenschaft.

(2) Worte sind materielle, stoffliche Dinge, bzw. Ereignisse. Gelingt es, durch sie die Begriffe eindeutig darzustellen, dann wird, auch abgesehen vom sozialen Faktor, die Arbeit des Wissenschafters bedeutend erleichtert. Denn der menschliche Geist ist so geartet, daß er am leichtesten mit materiellen Dingen arbeitet, er faßt sie am besten auf. Man denke nur an das Rechnen: es kann

wohl auch als «Kopfrechnen» durchgeführt werden, aber wieviel einfacher und sicherer wird es mit Hilfe von Schriftzeichen.

(3) Noch aus einem dritten Grunde schließlich sind die Worte für das Wissen so wichtig. Der Ausdruck von Gedanken durch Zeichen ist eine Art Kunstwerk. Nun ist es eine allgemein bekannte Tatsache, daß der Künstler zwar normalerweise durch eine Idee in seinem Schaffen geleitet wird, diese Idee aber gewöhnlich keineswegs dem fertigen Werk adäquat ist. Sie wird erst im Laufe des materiellen Schaffens ausgebaut und präzisiert. So geht es auch oft mit dem Ausdruck: der Begriff, der durch die Worte mitgeteilt werden soll, wird oft erst im Akt des Ausdrückens voll und genau. Wir sehen hier noch davon ab, daß die Worte nicht nur als Vehikel der Begriffe dienen, sondern auch eine autonome Funktion haben können. Schon als Ausdrucksmittel sind sie offenbar von größter Wichtigkeit.

Wenn die Worte auch unentbehrlich sind, so können sie anderseits doch für das Wissen gefährlich sein; sie führen leicht zu Mißverständnissen nicht nur zwischen mehreren, sondern auch bei der Arbeit eines einzelnen: man nimmt ein Wort für den adäquaten Ausdruck eines Begriffes, und dann ist es dies doch oft nicht oder birgt in seiner Bedeutung etwas, was die Forschung auf falsche Wege führt.

DIE DREI DIMENSIONEN DES ZEICHENS. Der Hauptgedanke der Semiotik, der zugleich eine Grundlage für ihre Einteilung bietet, kann folgendermaßen herausgestellt werden. Sagt ein Mensch einem anderen etwas, dann bezieht sich jedes von ihm gebrauchte Wort auf drei verschiedene Gegenstände:

(a) Zunächst gehört das Wort zu einer Sprache, das heißt aber, daß es gewisse Beziehungen zu den andern Worten dieser Sprache hat, es steht z. B. im Satz zwischen zwei andern Worten (wie etwa das Wort «und») oder am Anfang des Satzes usw. Diese Beziehungen bezeichnet man als *syntaktische*, es sind die Beziehungen der Worte zueinander.

(b) Zweitens hat das, was dieser Mensch sagt, eine *Bedeutung:* seine Worte *meinen* etwas, sie wollen dem andern etwas Bestimmtes mitteilen. Wir haben es also außer der syntaktischen Beziehung noch mit einer andern zu tun, nämlich mit der Beziehung des Wortes zu dem, was damit gemeint wird. Diese Beziehung nennt man die *semantische*.

(c) Schließlich wird das Wort von jemand ausgesprochen und

an jemand gerichtet. Es gibt also noch eine dritte Art von Beziehungen, nämlich die zwischen dem Wort und den Menschen, die es brauchen. Diese Beziehungen heißen die *pragmatischen*.

Diese verschiedenen Beziehungen der Worte stehen nun noch untereinander in einem bestimmten Verhältnis. Und zwar setzt die pragmatische Beziehung die semantische und die syntaktische voraus, und die semantische die syntaktische. Ein sinnloses Wort kann der Verständigung unter Menschen nicht dienen, und um einen Sinn zu haben, muß es in gewissen Beziehungen zu andern Worten stehen. Hingegen setzt die syntaktische Beziehung nicht die semantische und pragmatische voraus, und läßt sich die semantische Beziehung erforschen, ohne auf die pragmatische Bezug zu nehmen. Man könnte auch für eine ganz sinnlose Sprache eine vollständige Syntax aufstellen; wir könnten z. B. eine einfache Sprache bilden, in der nur die Zeichen P und x vorkämen und als eine syntaktische Regel gelten würde, daß P immer vor x steht; dabei brauchten wir gar nicht zu wissen, was P oder x bedeuten.

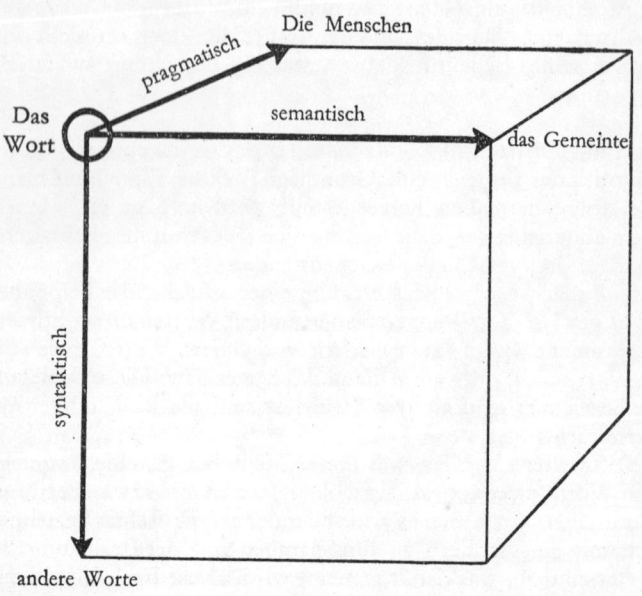

Das Verhältnis zwischen den drei Arten von Beziehungen ist also jenem zwischen den drei Dimensionen eines geometrischen Körpers ähnlich. Das ganze Wortphänomen ist wie ein dreidimensionaler Körper; nur durch Abstraktion können wir daraus entweder die zwei ersten Arten von Beziehungen (die syntaktische und die semantische) oder auch eine einzige (die syntaktische) loslösen, genau so, wie wir vom Körper in der Geometrie eine Fläche oder eine Gerade loslösen können. Das Schema auf Seite 40 wird diesen Vergleich am besten erklären.

SEMIOTISCHER BEGRIFF DES WORTES. Zu Beginn dieser Ausführungen muß nachdrücklich darauf aufmerksam gemacht werden, daß das Wort, von welchem in der Semiotik die Rede ist, das materielle Wort ist, das heißt, falls es sich um gesprochene Worte handelt, eine Gruppe von Luftwellen, und falls es sich um das geschriebene Wort handelt, etwa eine Reihe von kleinen Häufchen trockener Tinte auf Papier. Daß das Wort in diesem Sinne zu nehmen ist, geht schon daraus klar hervor, daß dieses Wort dem, was es meint, gegenübergestellt wird. Diese Bemerkung ist deshalb so wichtig, weil man in der Umgangssprache den Ausdruck «Wort» in einem andern Sinne braucht.

Eine wichtige Folge dieser Auffassung ist, daß wir in einer Aussage und erst recht in mehreren Aussagen nie dasselbe Wort zweimal brauchen können. Nehmen wir z. B. die einfache Identitätsaussage «Fritz ist Fritz». Nach der semiotischen Auffassung haben wir hier eine Reihe von Häufchen trockener Tinte. Dabei sind die Häufchen, die wir am Anfang des Satzes als «Fritz» lesen, keineswegs identisch mit denjenigen, die am Ende desselben Satzes stehen, denn es handelt sich ja um *zwei* verschiedene Häufchen, die an verschiedenen Stellen auf dem Papier angebracht sind, was bei einem und demselben Ding nie möglich ist. Wenn man in der Umgangssprache «dasselbe Wort» sagt, so meint man «zwei Worte, die ungefähr dieselbe Form und dieselbe Bedeutung haben». In der Semiotik hingegen spricht man in diesem Fall von zwei *gleichförmigen* Worten. Damit ist nicht gemeint, daß die Form der beiden Worte identisch sei; es genügt, sie unter eine starke Lupe zu nehmen, um festzustellen, daß dies nicht der Fall ist. Was man hier meint, ist daß ihre allgemeine graphische Struktur gleich ist.

Von einigen Phänomenologen (Ingarden) wird dem semiotisch aufgefaßten Wort der «Wortlaut» gegenübergestellt, also genau jene gemeinsame Struktur gleichförmiger Worte im semiotischen

Sinne. In der Tat verlangt die technische Ausarbeitung der Semiotik, daß man von solchen «Wortlauten» spricht, es erleichtert das Verfahren. Man muß sich dabei aber bewußt sein, daß dieser Wortlaut ein *Allgemeines* ist, also etwas, was nur in den Individuen, d. h. in den Worten im semiotischen Sinne, überhaupt besteht. Er ist nicht ein Ding, sondern eine *Eigenschaft* eines Dinges, nämlich des materiell (semiotisch) verstandenen Zeichens.

7. *Formalismus*

EINLEITENDE ORIENTIERUNG. Eine der wichtigsten Errungenschaften der neuzeitlichen Methodologie ist die Einsicht, daß ein Operieren mit der Sprache auf der syntaktischen Stufe die Denkarbeit wesentlich erleichtern kann. Ein solches Operieren heißt «Formalismus». Er besteht darin, daß man von jeder *Bedeutung* der gebrauchten Zeichen absieht und diese Zeichen ausschließlich ihrer *graphischen Form nach* betrachtet. Wird eine Sprache in diesem Sinne formalistisch aufgebaut, dann nennt man sie eine «formalisierte Sprache», manchmal spricht man auch kurz von «Formalismus», aber dieser Sprachgebrauch ist irreführend, es ist zweckmäßiger, das Wort «Formalismus» nur zur Bezeichnung der Methode zu verwenden.

Bei der Anwendung des Formalismus werden zwei Dinge klar unterschieden. Einerseits haben wir die *Sprache selbst* mit ihren rein syntaktischen Regeln, d. h. mit Regeln, die sich ausschließlich auf die materielle Form der Zeichen, nie aber auf ihre Bedeutung beziehen; anderseits haben wir – wenigstens in den meisten Fällen – eine inhaltliche *Deutung* dieser Sprache, d. h. eine Zuordnung von Bedeutungen zu den Zeichen. Die Sprache selbst und die Deutung sind in gewissem Maße voneinander unabhängig. Zwar muß eine Syntax schon vorliegen, bevor man zu einer Deutung schreitet, aber nicht umgekehrt, denn es ist leicht, eine Sprache aufzubauen, ohne ihr irgend eine Deutung zuzulegen. Eine solche Sprache nennt man «formalistisch» oder «abstrakt». Derselben formalisierten Sprache können gewöhnlich verschiedene Deutungen gegeben werden.

Die Deutung einer Sprache ist Sache der Semantik, nicht der Syntax und wird in einem späteren Kapitel behandelt. Was die Syntax anbetrifft, also die formalisierte Sprache, so müssen wir, um sie aufzustellen, zunächst zwei Probleme lösen: (a) erstens müssen wir gewisse Regeln annehmen, die uns erlauben, in jedem Fall eindeutig festzustellen, welche Zeichen in dieser Sprache *zulässig*, d. h. hier «sinnvoll» sind; (b) zweitens müssen auch Regeln aufgestellt werden, die bestimmen, welche Aussagen – falls die gebrauchte Sprache überhaupt Aussagen enthält – *richtig* sind. Diese zweite Aufgabe wird traditionell der formalen Logik zugeschrieben, und auch hier wollen wir die diesbezüglichen Probleme erst im vierten Kapitel behandeln. Bei der ersten Aufgabe lassen sich drei Problemgruppen unterscheiden: eine, die den Formalismus im allgemeinen betrifft, eine die sich auf den syntaktischen Sinn des einfachen Ausdrucks und eine, die sich auf den Sinn der zusammengesetzten Ausdrücke bezieht. Die erste Problemgruppe behandeln wir kurz gleich anschließend, die beiden andern in den zwei folgenden Kapiteln.

RECHNEN. Der Formalismus besteht wesentlich in der Ausdehnung einer an sich schon seit Jahrhunderten bekannten Methode, nämlich des Rechnens. Es wird deshalb zweckmäßig sein, zuerst die Struktur des gewöhnlichen, d. h. des arithmetischen und algebraischen Rechnens, wie es in den Schulen gelehrt wird, kurz zu betrachten.

(1) Eine einfache arithmetische Operation, z. B. eine Multiplikation, scheint wesentlich darin zu bestehen, daß wir das Problem in einzelne Teile zerlegen und einen Teil nach dem andern lösen. Um zum Beispiel *27* mit *35* «im Kopf» zu multiplizieren, gehen wir etwa so vor: zuerst multiplizieren wir *20* × *30*, dann *7* × *30*, dann *7* × *5* usw. Von einem Formalismus scheint hier keine Rede zu sein. Nehmen wir jedoch die Multiplikation schriftlich vor, dann pflegen wir die Einzelergebnisse in einer bestimmten Ordnung aufzuschreiben, z. B.:

$$\begin{array}{r} 27 \times 35 \\ \hline 135 \\ 81 \\ \hline 945 \end{array}$$

Früge man uns, warum wir *1* in der zweiten Zeile eine Stelle weiter nach links und nicht unter *5* der ersten Zeile schrieben, dann würden wir nach einiger Überlegung antworten: weil *1* an die Zehnerstelle und also unter die Zehnerstelle der oberen Zahl gehört. Im Akt der Multiplikation aber stellen wir nicht diese Überlegung an, sondern wenden ganz einfach die *syntaktische* Regel an, wonach jede Einzelmultiplikation (also neue Zahlenzeile) um eine Stelle weiter nach links zu rücken ist. Um richtig zu rechnen, braucht man nicht zu wissen, warum man so verfahren soll, es genügt vollkommen, daß man die einschlägige syntaktische Regel kennt (allerdings auch noch einige weitere).

(2) Betrachten wir nun ein anderes Beispiel, diesmal aus der Algebra. Es sei die Gleichung:
$$ax^2 + bx + c = 0$$
Um die Formel für die Lösung dieser Gleichung zu finden, beginnen wir mit der «Übertragung» von «c» auf die rechte Seite mit dem entgegengesetzten Vorzeichen:
$$ax^2 + bx = -c$$
Auch hier würden wir leicht die inhaltliche Begründung dieser «Übertragung» herausstellen; tatsächlich kümmern wir uns aber gar nicht darum, sondern verfahren ganz einfach nach der syntaktischen Regel: «Jedes Glied der einen Seite einer Gleichung darf auf die andere Seite übertragen werden, aber es muß dann das entgegengesetzte Vorzeichen erhalten, also «-» statt «+» oder umgekehrt». Handelt es sich um etwas kompliziertere Rechnungen, dann *müssen* wir uns sogar auf die syntaktische Regel beschränken, denn unsere Denkkraft reicht einfach nicht aus, um auch noch an ihre inhaltliche Begründung zu denken.

Das Rechnen verdankt seine relative Sicherheit *nicht* der Tatsache, daß es mit Zahlen geschieht, sondern dem Formalismus. Es ist eine Anwendung des Formalismus auf die Sprache der Zahlen.

ANWENDUNG DES RECHNENS AUF NICHT-MATHEMATISCHE GEGENSTÄNDE. Dieselbe Methode kann nun leicht auch auf andere Gebiete, die mit den Zahlen überhaupt nichts zu tun haben, angewandt werden. Wir wählen ein Beispiel aus der aristotelischen Syllogistik. Wie bekannt, darf nach dieser Syllogistik eine allgemeine negative Aussage ‚konvertiert' werden, z. B. die negative Aussage «kein Mensch ist ein Stein» in die Aussage: «kein Stein ist ein Mensch». In der klassischen Logik pflegt man eine solche Aussage durch die Zeichenreihe SeP darzustellen, wobei S für das Subjekt, P für das Prädikat steht, und der Buchstabe e (aus dem lateinischen $nEgo$) angibt, daß es sich um eine allgemeine negative Aussage handelt. Schreiben wir nun unsere Aussage in dieser Form, so ist es leicht, eine rein syntaktische Regel aufzustellen, die dem Prinzip der Konvertibilität solcher Aussagen genau entspricht. Wir sagen also: «Die Buchstaben neben *e* dürfen in jeder Formel vom Typus *XeY* umgetauscht werden». Ist eine solche Regel einmal festgelegt, dann zeigt sich, daß z. B. die sogenannte Reduktion von *Cesare* auf *Celarent* rein rechnerisch durchführbar ist. Celarent hat nämlich die Form

(1)   *MeP*   (Obere Prämisse)
(2)   *SaM*   (Untere Prämisse)
(3) $\overline{SeP}$ (Schluß)

Wir können ohne weiteres unsere Regel auf (1) anwenden, dann ergibt sich

PeM
SaM
$\overline{SeP}$

also eben *Cesare*.

Man kann sich natürlich fragen, ob die Anwendung dieser Methode auf so einfache Fragen zweckmäßig ist. Unser Beispiel zeigt aber, daß das Rechnen – im Sinne des Formalismus – auch außerhalb der Mathematik anwendbar ist, daß es auch außerhalb der Mathematik gebraucht werden *kann*.

EIDETISCHER UND OPERATIVER SINN. Aus unseren Betrachtungen ergibt sich, daß ein Zeichen einen zweifachen Sinn haben kann, den sogenannten eidetischen und den sogenannten operativen Sinn. Ein Zeichen hat in einem System einen eidetischen Sinn, wenn wir sein *semantisches* Gegenstück kennen, d. h. wenn wir wissen, was es bezeichnet, bzw. bedeutet. Einen bloß operativen Sinn hingegen hat ein Zeichen, wenn wir nur wissen, wie man es gebrauchen kann, d. h. wenn wir nur die dafür geltenden syntaktischen Regeln kennen. Wir wissen dann nicht, *was* das Zeichen *bedeutet*, wohl aber *wie* wir damit *operieren* können. Das Verhältnis der beiden Sinne ist einfach: ist ein eidetischer Sinn gegeben, dann ist damit immer auch ein operativer Sinn vorhanden, aber nicht umgekehrt: man kann, wie wir schon sahen, einem Zeichen einen operativen Sinn und dabei doch keinen eidetischen Sinn beilegen.

Um Mißverständnissen vorzubeugen, sei betont, daß die Operation, von der hier die Rede ist, eine Operation mit *Zeichen*, also ein Rechnen, und nicht eine Operation mit Dingen ist. Damit, daß wir den operativen Sinn von Zeichen kennen, wissen wir noch gar nicht, wie die entsprechenden Dinge zu behandeln sind, denn hierfür müßten wir den eidetischen Sinn der Zeichen kennen.

Es wäre z. B. nicht richtig zu sagen, daß die Formeln der zeitgenössischen Lehre von der Struktur der Materie nur einen operativen Sinn haben, weil sie uns nur sagen, wie wir etwa Atombomben usw. herstellen können. Um eine Atombombe herzustellen, müssen wir vielmehr die Zeichen, die in den Formeln vorkommen, eidetisch, ihrer Bedeutung nach, verstehen. Hätten sie einen bloß operativen Sinn, dann wären wir außerstande, irgendetwas anderes mit ihnen anzufangen als damit zu rechnen.

Es gibt nun in der heutigen Philosophie zwei extreme Stellungnahmen: einerseits will man das menschliche Wissen auf den eidetischen, anderseits auf den bloß operativen Sinn beschränken. Im ersten Fall will man jeden Formalismus ausschließen, oder lehnt man jedenfalls Systeme ab, die nicht ganz interpretierbar sind. Auf der andern Seite behauptet man, es gebe überhaupt keinen eidetischen Sinn, nur der operative stehe uns zu Gebote. Indessen irrt man wohl auf beiden Seiten. Daß es in bestimmten Fällen einen eidetischen Sinn gibt, ist ein evidentes Phänomen. Anderseits scheint in der Mathematik, Physik, Astronomie usw. Verschiedenes vorzukommen, dem wir keinen eidetischen Sinn beizulegen vermögen, das aber im ganzen wieder zu eidetisch interpretierbaren Ergebnissen führt.

MODELL. Damit hängt eine in den letzten Jahrzehnten vielerörterte Angelegenheit zusammen, nämlich das Problem des Modells. Man pflegt zu sagen, daß, während ältere physikalische Theorien ein Modell hatten, es für viele neuere kein solches mehr gebe. Und zwar wird dabei unter «Modell» ein physisches, durch das unbewaffnete Auge prinzipiell beobachtbares Gebilde verstanden, welches dem durch die wissenschaftliche Aussage (Theorie usw.) dargestellten Sachverhalt gleichförmig ist. So gibt es z. B. ein Modell für die Bohrsche Atomtheorie: es besteht in einer Kugel, um welche in bestimmten Abständen kleinere Kugeln kreisen. Ein solches Modell kann freilich nicht immer gebaut, es kann aber wenigstens «gedacht», d. h. vorgestellt werden. Sagt man nun, daß es für die neueren physikalischen Theorien kein Modell gebe, dann bedeutet dies, daß für sie kein solches Gebilde vorstellbar ist.

Dies aber läuft – wenigstens in den meisten Fällen – auf die Behauptung hinaus, daß die betreffende wissenschaftliche Aussage (Theorie usw.) keinen eidetischen, sondern nur einen operativen Sinn habe. Wir sagen «wenigstens in den meisten Fällen», denn es ist, prinzipiell, auch ein dritter mittlerer Fall denkbar, in welchem die betreffende Aussage wohl einen eidetischen Sinn hat, wobei aber diesem nur ein geistig schaubares, nicht ein sinnlich (bildlich) vorstellbares Gebilde entspricht. So kann es etwa keinen Zweifel darüber geben, daß gewisse Aussagen der Phänomenologie und alle Aussagen der Ontologie von dieser Art sind: sie haben nicht nur einen operativen, sondern auch einen eidetischen Sinn, obwohl das, was sie meinen, bildlich nicht darstellbar ist. Handelt es sich aber um naturwissenschaftliche modellose Theorien, dann gilt in den meisten Fällen, daß sie überhaupt keinen eidetischen Sinn besitzen.

Somit bedeutet in einer Wissenschaft der Übergang von Theorien mit Modellen zu solchen ohne Modell meist eine erweiterte Anwendung des Formalismus. Wie bekannt, trifft dies auf vielen Gebieten der heutigen Forschung zu.

WESEN DES FORMALISMUS. Der Formalismus ist also eine Methode, die darin besteht, daß man vom eidetischen Sinn der Zeichen vollständig absieht und auf Grund bestimmter, nur die graphische Gestalt der Zeichen betreffender Umformungsregeln mit den Zeichen operiert. Man geht also mit ihnen um, als ob sie keine Zeichen wären, sondern etwa Figuren eines Spieles, Stücke, die sich auf verschiedene Weise kombinieren und umstellen lassen. Man hat deshalb einmal scherzend gesagt, wer den Formalismus gebrauche, der wisse nicht, was er sagt und ob, was er sagt, wahr sei. Dazu ist jedoch folgendes zu bemerken.

(1) Zweck des Rechnens, also des Formalismus, ist immer ein Wissen. Ein formalistisches System erfüllt also nur dann seine Aufgabe, wenn seine Ergebnisse letztlich eidetisch interpretierbar sind. Die Wissenschaft ist kein Spiel. Unser Wissen erreicht allerdings nicht immer das *Was*, manchmal beschränkt es sich auf das *Wie*.

(2) Die Regeln der formalistischen Operationen müssen eidetisch sinnvoll sein. Denn die Regeln sagen, was wir tun sollen; wir müssen also imstande sein, sie zu *verstehen*. Daraus folgt, daß kein System vollständig formalisierbar ist, wenigstens seine Regeln können letzten Endes nie formalisiert werden. Man kann zwar die Regeln eines Systems, sagen wir des Systems *A*, in einem andern System, nennen wir es *B*, formalisieren, aber das System *B* erfordert seinerseits wieder sinnvolle Regeln. Diese können zwar wiederum in einem dritten System *C* formalisiert werden, aber

irgendwo müssen wir schließlich halt machen und nicht formalisierte Regeln brauchen. Übrigens müssen schon die Regeln von *A*, sobald wir *A* ausbauen wollen, einen eidetischen Sinn für uns haben, denn anders kämen wir in unserer Rechnung nicht weiter.

(3) Faktisch geht man beim Aufbau der formalisierten Systeme fast immer so vor, daß man zuerst sinnvolle Zeichen aufstellt, dann erst von ihrem Sinn abstrahiert und das System formalistisch aufbaut, um schließlich dem fertigen System wieder eine Interpretation zu geben.

(4) Das Gesagte gilt besonders für die Logik. Wenn auch an sich eine Wissenschaft nicht unmöglich wäre, deren System keinen andern als nur einen syntaktischen Sinn hätte, so kann dies doch bei der Logik nicht der Fall sein. Denn die Logik hat die *Schlußregeln* alles indirekten Denkens zu liefern, und wenn ihre Regeln nicht eidetisch sinnvoll wären, könnte kein Schließen zustande kommen. Deshalb gelten bei den meisten heutigen Logikern Systeme, die keine bekannte eidetische Interpretation zulassen, nicht als Logik.

Rechtfertigung des Formalismus. Für den Gebrauch der formalistischen Methode lassen sich folgende Gründe anführen:

(1) Bei einer verwickelten Sachlage versagt unsere eidetische Einsicht in den Gegenstand sehr bald. Wir können unmittelbar und ohne Mühe einsehen, daß $2 \times 3 = 6$, aber nur wenige Menschen finden ebenso leicht und schnell, daß $1952 \times 78{,}788 = 153{,}794{,}176$. Wir sehen auch unmittelbar ein, daß die Negation von «es regnet» die Aussage «es regnet nicht» ist, aber die Negation des bekannten euklidischen Satzes, nach welchem durch einen Punkt, der außerhalb einer Geraden liegt, eine und nur eine zu ihr parallele Gerade geführt werden kann, ist nicht so leicht einzusehen. Dasselbe gilt von allen etwas verwickelteren Gedankengängen, auch jenen der Philosophen. Ihr Genius hat große Philosophen davor bewahrt, daß sie, ohne den Formalismus zu gebrauchen, nicht irrten, aber die im allgemeinen nur allzu häufigen Verworrenheiten auf philosophischem Gebiet kommen jedenfalls teilweise vom Mangel adäquater formalistischer Methoden.

(2) Da sich bei einem formalistischen System alle Regeln ausschließlich auf die graphische Gestalt der Zeichen beziehen, ist hier eine Beweisführung mit unformulierten Regeln und Axiomen unmöglich. Unformulierte Voraussetzungen sind aber bekannt-

lich sehr gefährlich, sie können leicht falsch sein und entziehen sich doch, da sie nicht ausdrücklich formuliert sind, einer rationalen Überprüfung. Der Formalismus trägt also wesentlich dazu bei, daß solche stillschweigenden Voraussetzungen ausgeschaltet werden.

(3) Dadurch wird noch etwas Weiteres erreicht. In einem formalistisch entwickelten axiomatischen System ergeben sich alle Folgerungen aus den gewählten Axiomen ziemlich leicht und scharf abgegrenzt. Dabei zeigt sich sehr oft, daß die gebrauchten Begriffe viel genauer bestimmt sind als man vor Beginn des Verfahrens meinte. Der Formalismus ist also ein berufener Führer zur Abgrenzung und Klärung der Begriffe.

(4) Schließlich erreicht man durch den Gebrauch des Formalismus noch folgendes. Ist ein System rein formalistisch aufgebaut, dann findet man am Ende oft, daß es mehrere Deutungen erlaubt, und damit sind mit einem Schlage mehrere Probleme gelöst. Ein Beispiel hierfür liefert das bekannte Dualitätsprinzip der euklidischen Geometrie. Aus dem hier geltenden Satz: «Zwei beliebige Punkte bestimmen eine Gerade» lassen sich (mit Herbeiziehung von weiteren Axiomen und mittels angepaßter Regeln) eine Menge weiterer geometrischer Sätze ableiten. Wir können nun diesen Satz so formalisieren: «Zwei beliebige A bestimmen ein B»; dabei soll die Bedeutung von «A» und «B» unbestimmt bleiben (alle andern im Satze vorkommenden Worte können als bloß logische Konstanten gedeutet werden). Nun zeigt sich aber, daß es hier *zwei* mögliche Deutungen gibt: (1) Man kann «A» die Bedeutung von «Punkt» und «B» die Bedeutung von «Gerade» geben, (2) umgekehrt: «A» die Bedeutung von «Gerade» und «B» die Bedeutung von «Punkt». Es zeigt sich nämlich, daß auch der durch die Deutung (2) entstandene Satz wahr ist: auch zwei parallele Gerade bestimmen einen Punkt in unendlicher Entfernung. Damit ergibt sich aber ein ganzes System von aus diesem (formalisierten) Satze ableitbaren Sätzen, und wir haben also aus einer Formel gleich *zwei* Grundsätze der Geometrie erhalten. Ähnliches findet man auch auf andern wissenschaftlichen Gebieten.

Damit dürften die wichtigsten Gründe für den Gebrauch des Formalismus angeführt sein. Gewisse damit verbundene Gefahren sind aber auch nicht zu übersehen. Vor allem darf man nicht vorzeitig zur Formalisierung schreiten, der Sachverhalt muß zuerst ganz klargestellt sein. Ferner muß man sich bewußt bleiben, daß ein formalistisches System immer sehr abstrakt ist und nicht mit der Wirklichkeit gleichgesetzt werden darf. Man sollte daher eigentlich den Formalismus nie als einzige Methode brauchen, sondern sich daneben noch anderer Methoden bedienen.

Künstliche Sprache. Der Gebrauch einer künstlichen Sprache ist scharf vom Formalismus zu unterscheiden. Auch eine ‚natürliche' (Alltags-) Sprache könnte prinzipiell formalisiert werden, und anderseits kann eine künstliche Sprache sehr wohl nicht formalistisch betrachtet werden; mit den elementaren Teilen der Sprache der mathematischen Logik z. B. geschieht dies meistens nicht.

Der Gebrauch von künstlichen Symbolen ist indessen zugleich mit dem Formalismus aufgekommen. Whitehead und Russell rechtfertigen ihn folgendermaßen.

(1) In den Wissenschaften allgemein, besonders aber in der Logik, braucht man Begriffe, die so abstrakt sind, daß man in der Umgangssprache keine entsprechenden Worte dafür findet. Man ist also zu Symbolbildungen genötigt.

(2) Die Syntax der Umgangssprache ist zu wenig exakt, ihre Regeln lassen zu viele Ausnahmen zu, als daß man auf dem Gebiet der strengen Wissenschaft gut damit zu operieren vermöchte. Man könnte sich wohl zu helfen suchen, indem man die Worte der Umgangssprache beibehielte und nur die Regeln änderte, aber dann würden doch die Worte durch Assoziationen immer wieder die lockeren Regeln der Alltagssprache nahebringen, und es entstünde Verwirrung. Deshalb ist es besser, eine künstliche Sprache mit eigenen, streng syntaktischen Regeln aufzustellen.

(3) Entscheidet man sich für den Gebrauch einer künstlichen Sprache, dann kann man ganz kurze Symbole wählen, etwa einzelne Buchstaben statt ganzer Worte; so werden die Sätze bedeutend kürzer als in der Umgangssprache und wesentlich leichter verständlich.

(4) Schließlich sind die meisten Worte der Umgangssprache sehr vieldeutig; so hat z. B. das Wort «ist» wenigstens ein Dutzend verschiedene Bedeutungen, die in der Analyse scharf auseinander gehalten werden müssen. Es ist also zweckmäßig, statt solcher Worte künstliche, aber eindeutige Symbole zu brauchen.

Es sei hier noch bemerkt; daß der Ausdruck «symbolische Sprache» irreführend ist: *jede* Sprache besteht aus Symbolen und könnte deshalb «symbolisch» heißen. Hier meint man aber eine

Sprache, die im Gegensatz zur Umgangssprache aus *künstlichen* Symbolen besteht.

8. Syntaktische Sinnregeln

AUFBAU DER SPRACHE. Eine Sprache besteht, syntaktisch betrachtet, aus einer Menge von Ausdrücken, für die bestimmte Regeln gelten. Wir verstehen im folgenden, der Einfachheit halber, unter Sprache eine Schriftsprache; die Ausführungen würden aber mit gewissen Einschränkungen auch auf eine gesprochene Sprache zutreffen. Die Regeln einer bestimmten Sprache, sagen wir von *S*, bestimmen, welche Ausdrücke zu *S* gehören, d. h. in *S* sinnvoll sind; alle andern Ausdrücke sind in dieser Sprache *syntaktisch sinnlos*. So ist z. B. das Wort «homme» zwar ein Ausdruck, aber in der deutschen Sprache sinnlos.

Die sinnvollen Ausdrücke der Sprache *S* können in zwei Klassen eingeteilt werden: (1) *Atomare oder einfache Ausdrücke*. Diese Ausdrücke sind so gebildet, daß kein einzelner Teil von ihnen ein eigener (sinnvoller) Ausdruck von *S* sein kann. So ist z. B. der Ausdruck «Mensch» ein atomarer Ausdruck der deutschen Sprache. (2) *Molekulare oder zusammengesetzte Ausdrücke*. Hier sind auch einzelne Teile schon ein sinnvoller Ausdruck von *S*. Ein Beispiel aus der deutschen Sprache: «der Mensch ist ein Organismus». Hier sind «Mensch», «Organismus», «ist» im einzelnen schon sinnvolle (atomare) Ausdrücke der deutschen Sprache.

Diese Einteilung in atomare und molekulare Ausdrücke ist aber, sofern es sich um natürliche Sprachen handelt, nicht ganz einwandfrei. Zum Beispiel ist offenbar das Wort «Hund» ein atomarer Ausdruck der deutschen Sprache, und doch ist ein Teil von «Hund», nämlich «und», auch ein solcher atomarer Ausdruck. Derartige Unstimmigkeiten ließen sich zwar mit semantischen Mitteln beseitigen, aber es ist dienlicher und unschwer, eine künstliche Sprache aufzubauen, in der sie gar nicht vorkommen.

Wir befassen uns in diesem Abschnitt nur mit den syntaktischen Sinnregeln der *molekularen* Ausdrücke, da sich nur diese ohne die Theorie des axiomatischen Systems erörtern lassen. Die entsprechenden Regeln für die atomaren Ausdrücke werden wir im Abschnitt über die Axiomatik behandeln.

BEGRIFF DER SYNTAKTISCHEN KATEGORIE. Für die syntaktische Sinnhaftigkeit der molekularen Ausdrücke einer Sprache gelten zwei fundamentale Regeln: (1) die molekularen Ausdrücke sollen ausschließlich aus Ausdrücken zusammengesetzt sein, die in der betreffenden Sprache sinnvoll sind, also letzten Endes nur aus sinnvollen atomaren Ausdrücken dieser Sprache. (2) Die Zusammensetzung selbst soll nach bestimmten *Formungsregeln* der Sprache zustande kommen. Nun haben aber die Formungsregeln aller Sprachen einen gemeinsamen Kern, der in den Gesetzen der sogenannten syntaktischen Kategorien zusammengefaßt werden kann. Wir wollen also zuerst diese wichtigen syntaktischen Gesetze erörtern.

Als «*syntaktische Kategorie*» bezeichnet man eine Klasse von Ausdrücken einer Sprache, deren jeder in einer sinnvollen Aussage mit einem beliebigen andern der Klasse vertauscht werden kann, ohne daß die Aussage dadurch ihren Sinn verliert. So bilden z. B. die Eigennamen eine syntaktische Kategorie der deutschen Sprache; man kann in jeder sinnvollen deutschen Aussage – z. B. «Fritz trinkt» – einen Eigennamen durch einen andern ersetzen, ohne daß die Aussage ihren Sinn verliert. So mag im angeführten Beispiel «Fritz» durch «Johann», «Eva», «Napoleon», ja «Gaurisankar» ersetzt werden, die Aussage wird doch immer sinnvoll (wahr oder falsch, aber doch sinnvoll) bleiben. Hingegen gehört ein Verbum, z. B. «schläft», zu einer andern syntaktischen Kategorie; würden wir «schläft» für «Fritz» in unserer Aussage einsetzen, entstünde ein unsinniger Ausdruck: «schläft trinkt».

Wie man sieht, entspricht der Begriff der syntaktischen Kategorie ziemlich genau jenem des Satzteils in der gewöhnlichen Grammatik. Der Unterschied besteht nur darin, daß in der Grammatik eine lebendige, also sehr ungenau aufgebaute Sprache behandelt wird und deshalb ihre Gesetze locker und ungenau gehalten sind. Für wissenschaftliche Zwecke muß aber eine *perfekte* Sprache angestrebt werden, für die genaue Gesetze aufgestellt werden können und müssen. Die logische Syntax steht zur grammatischen Syntax in demselben Verhältnis, in dem etwa die Geometrie zu einem Messen von konkreten Baumstämmen stünde: sie bietet ihr die ideale theoretische Grundlage.

Es ist in diesem Zusammenhang nicht ohne Interesse, zu bemerken, daß die syntaktischen Kategorien – entsprechend der allgemeinen Funktion der Sprache, die ein Abbild der Realität sein will – die sogenannten ontologischen Kategorien abbilden. So entspricht z. B. die syntaktischen Kategorie der Eigennamen der ontologischen Kategorie der Substanz, die der sogenannten einstelligen Funktoren jener der Qualitäten usw. Die Entsprechung ist jedoch nicht ganz genau, weil zwischen der Realität und der Sprache der Gedanke steht, der neue Kategorien (des idealen Seienden) schafft.

Funktoren und Argumente. Wir wollen nun ein einfaches System der syntaktischen Kategorien skizzenhaft darstellen und gehen dazu vom Begriff des Funktors und des Argumentes aus. Einen Ausdruck, der einen andern bestimmt, nennt man dessen «Funktor», der bestimmte Ausdruck ist das «Argument». «Bestimmen» ist aber hier in möglichst weitem Sinne zu nehmen. Man sagt z. B., daß «und» in der Aussage «es regnet und es schneit» die beiden Teilaussagen («es regnet» und «es schneit») bestimmt, also ihr Funktor ist, während die beiden andern Aussagen die Argumente von «und» sind. Es gibt nun in jeder ausgebauten Sprache zweierlei Ausdrücke: die einen können nur Argumente sein, z. B. individuelle Namen und Aussagen, andere hingegen auch Funktoren, wie z. B. die Verben. Die syntaktischen Kategorien der erstgenannten Ausdrücke wollen wir «Grundkategorien» nennen, die der andern «Funktorenkategorien».

Die Anzahl der Grundkategorien ist ziemlich willkürlich; wir setzen zur Vereinfachung nur zwei voraus: die schon genannte Namen-Kategorie und die Aussagen-Kategorie. Danach können wir die Funktoren insgesamt folgendermaßen einteilen:

(1) Nach der syntaktischen Kategorie ihrer Argumente. Wir unterscheiden also (a) Namenbestimmende Funktoren (z. B. «schläft», «liebt», «ist größer als» usw.); (b) Aussagenbestimmende Funktoren (z. B. «und», «es ist nicht so, daß», «oder» usw.); (c) Funktorenbestimmende Funktoren (z. B. «sehr» in «das Kind ist sehr schön», das Argument ist hier «schön»).

(2) Nach der syntaktischen Kategorie des molekularen Ausdrucks, der aus dem Funktor und seinen Argumenten besteht, unterscheiden wir: (a) Namenerzeugende Funktoren (z. B. «ein gutes» in «ein gutes Kind», weil hier das ganze ein Name ist); (b) Aussagenerzeugende Funktoren (z. B. die schon oben genannten aussagenbestimmenden Funktoren, z. B. «es regnet und es schneit» ist wiederum eine Aussage); (c) Funktorenerzeugende Funktoren (z. B. «laut» in «der Hund bellt laut», hier ist «laut» mit seinem Argument «bellt» wieder ein Funktor).

(3) Nach der Anzahl der Argumente unterscheiden wir einstellige oder monadische Funktoren (z. B. «schläft», «rennt»), zwei-

stellige oder dyadische (z. B. «liebt», «ist größer als»), dreistellige (z. B. «gibt»: *A* gibt *B* das *C*; hier müssen *A*, *B* und *C* als Argumente von «gibt» aufgefaßt werden), und weiterhin *n*-stellige Funktoren.

Man sieht gleich, daß die Ausdrücke der natürlichen Sprachen sich nicht in dieses Schema fügen, da sie sehr oft *syntaktisch vieldeutig* sind. So erscheint z. B. das deutsche Wort «ißt» bald als einstelliger Funktor («Was macht Fritz? Er ißt»), bald als zweistelliger («Fritz ißt Wurst»). Diese Vieldeutigkeit trägt zwar zur Schönheit der Sprache bei und ist wertvoll für die dichterische Gestaltung; der Exaktheit und Klarheit der Sprache aber ist sie sehr nachträglich, und so bildet sie einen weiteren Grund für den Gebrauch künstlicher Sprachen.

BEISPIELE SYNTAKTISCHEN UNSINNS. Auf Grund der vorstehenden Prinzipien können wir folgende allgemeine Formregel aufstellen: ein molekularer Ausdruck ist nur dann syntaktisch sinnvoll, wenn jedem in ihm vorkommenden Funktor die genau seiner syntaktischen Kategorie in Zahl und Art entsprechenden Argumente zugeordnet sind. Was gegen diese Regel verstößt, ist syntaktisch sinnlos.

Hierzu einige Beispiele aus dem Gebiet der Philosophie. Nehmen wir zuerst die Schein-Aussage: «das Sein ist identisch». Wir sagen, daß dies eine Schein-Aussage ist, weil sie überhaupt keinen syntaktischen Sinn hat, also überhaupt keine Aussage sein kann. Denn «ist identisch» ist ein *zweistelliger* Funktor, und sinnvoll gebraucht man ihn also nur, wenn man ihm genau zwei Argumente zuordnet, wie etwa in der Aussage «Der Verfasser von Faust ist mit Goethe identisch». In unserer Schein-Aussage haben wir aber nur ein Argument, nämlich das «Sein». Sie ist also ein syntaktischer Unsinn.

Ein anderes Beispiel: ein Philosoph sagt: «das Nichts nichtet». Hier ist «Nichts» das Argument von «nichtet», der letztgenannte Ausdruck ist offenbar ein einstelliger, aussagenerzeugender und namenbestimmender Funktor. Wie kann er nun aber in dieser Aussage namenbestimmend sein? Denn was ist, syntaktisch betrachtet, das «Nichts»? Es ist offenbar kein Name, obwohl es dergleichen zu sein scheint. Wenn wir sagen «es gibt nichts», dann wollen wir eigentlich sagen «für jedes *x* ist es nicht der Fall, daß es hier und jetzt dieses *x* gibt»: «Nichts» ist also eine Abkürzung für die Negation. Die Negation ist aber kein Name, sondern ein

Funktor. Was der Philosoph meint, mag also richtig sein, aber was er sagt, muß als ein syntaktischer Unsinn betrachtet werden. Es ist keine Aussage und bedeutet nichts.

Unter Berufung auf solche Beispiele wollten die Anhänger der neupositivistischen Schule die ganze Philosophie als unsinnig erklären. Sie verwechselten dabei den syntaktischen Unsinn mit etwas völlig anderm, nämlich dem semantischen Unsinn. Es hat sich im Laufe der Zeit gezeigt, daß sie viel zu weit gegangen sind. Immerhin haben ihre Angriffe dazu beigetragen, daß man sich heute allgemein bewußt ist, daß eine dichterische Sprache nur mit großer Vorsicht zur Mitteilung wissenschaftlicher Gedanken gebraucht werden darf, da sie leicht einen syntaktischen Unsinn birgt. Daher hat die syntaktische Sinnanalyse heute in der Philosophie eine viel größere Bedeutung als in früheren Jahrhunderten.

9. Semantische Funktionen und Stufen

DIE ZWEI SEMANTISCHEN FUNKTIONEN DES ZEICHENS. Wenden wir uns jetzt semantischen Fragen zu, d. h. den Problemen, welche die Beziehungen zwischen dem Zeichen und demjenigen, wofür es Zeichen ist, betreffen. Hier muß zunächst – wie dies schon den Scholastikern wohl bekannt war – zwischen zwei Funktionen des Zeichens unterschieden werden. Das Zeichen kann einerseits etwas *meinen*, intendieren und also das Vehikel eines objektiven Inhaltes sein. Wir wollen diese Funktion die «objektive» nennen. Anderseits kann ein Zeichen etwas Subjektives *ausdrücken*, nämlich den persönlichen Zustand eines dieses Zeichen gebenden Menschen oder Tieres; diese zweite Funktion nennen wir «subjektiv».

Gewöhnlich hat ein im Rahmen einer normalen menschlichen Sprache gebrauchtes Zeichen *beide* Funktionen. Sagt z. B. ein Beobachter: «hier ist Blei», so *meint er* vor allem etwas Objektives, nämlich daß sich in bestimmten zeiträumlichen Koordinaten eine Substanz, «Blei» genannt, vorfindet. Gleichzeitig *denkt er* aber selbst auch diesen Inhalt; die Tatsache, daß er die Aussage formuliert, zeigt, daß er diesen Gedanken hat, er drückt mit der Aussage also auch einen subjektiven Zustand aus. Die subjektiven Faktoren, die durch ein Zeichen ausgedrückt werden, sind aber nicht nur Gedanken, sondern gewöhnlich auch Gefühle, Willenstendenzen usw., letztere spielen sogar oft eine so große Rolle, daß manche Methodologen einfach alle subjektiven Faktoren als «emotionalen

Gehalt» im Gegensatz zum «objektiven» oder «wissenschaftlichen» Gehalt bezeichnen.

Wenn sich aber auch im normalen Zeichengebrauch die beiden semantischen Funktionen zumeist vereinen, so lassen sich doch theoretisch Grenzfälle denken, in welchen ein Zeichen entweder nichts Subjektives ausdrückt oder, im Gegenteil, überhaupt nichts Objektives meint. Wenigstens in gewissen Formen der Musik dürfte letzteres der Fall sein. Die Zeichen, aus welchen die Sprache einer solchen Musik besteht, hätten dann nur einen subjektiven, ja sogar rein emotionalen Gehalt. Ob das Entgegengesetzte auch der Fall sein kann, wenn es sich um Aussagen einer lebenden Sprache handelt, ist nicht leicht zu sagen. Aber in wissenschaftlichen Werken lassen sich ziemlich leicht Zeichen und Aussagen aufzeigen, die überhaupt nichts ausdrücken, sondern ausschließlich etwas meinen.

Indessen ist vom methodologischen Standpunkt aus eines klar: in der Wissenschaft ist, sofern es sich um erkennbare und entsprechend sagbare Gegenstände handelt, nur die Meinung, also die erste semantische Funktion von Belang. Was der Forscher selbst erlebt, ist ganz bedeutungslos. Die Mitteilung seiner Zustände kann unter Umständen Material für eine psychologische Untersuchung abgeben, aber ‚lehren' tut sie nichts, weil sie nichts meint, auf nichts sich objektiv bezieht.

SAGEN DES UNSAGBAREN. Wie steht es nun aber, wenn es sich um ein (prinzipiell oder für uns Menschen) Unerkennbares, also auch Unsagbares handelt? In dieser Hinsicht sind die heutigen Methodologen verschiedener Meinung. Es lassen sich indessen drei Gruppen unterscheiden.

(1) Wortführer der ersten sind vornehmlich H. Bergson und K. Jaspers. Sie und noch viele andere Philosophen (von denen die meisten zur neuplatonischen Tradition stehen) sind der Meinung, daß man das Unsagbare zwar nicht sagen, d. h. nicht durch objektiv meinende Zeichen darstellen und mitteilen kann, daß es sich aber doch mit Hilfe einer (objektiv) gehaltlosen Sprache einigermaßen zugänglich machen läßt. So lehrt Bergson, daß das wahre philosophische Wissen von den wichtigsten Faktoren der Wirklichkeit (z. B. dem Werden) nur mittels der ‚Intuition' zustande kommt. Deren Inhalt kann man nun einem andern nicht mitteilen, aber man kann ihn mittels gewisser Bilder so fassen, daß ein anderer ihn auch erleben kann. Deshalb finden wir in den Werken

Bergsons keine phänomenologischen Beschreibungen, keine Beweise, sondern vor allem Bilder, die zur Intuition anregen sollen. Ähnlich sagt Jaspers, daß seine Worte «nichts bedeuten». Sie seien nur Zeiger, die demjenigen den Weg angeben, der in einer nicht in Worte zu fassenden ‚existentiellen' Erfahrung dem Unsagbaren begegnen will. Für Gott, also das Unsagbare in höchstem Grade, gibt es schon gar keine Zeichen mehr, sondern nur ‚Chiffren', die gerade dadurch gekennzeichnet sind, daß ihnen keine objektive semantische Funktion zukommt.

(2) Eine andere Gruppe von Denkern vertritt den genau entgegengesetzten Standpunkt. Er ist am schärfsten im Satz von Ludwig Wittgenstein formuliert: «Wovon man nicht sprechen kann, darüber muß man schweigen». Dabei bedeutet für Wittgenstein und seine Anhänger «sprechen» soviel wie «Zeichen mit objektivem Gehalt brauchen». Dies ist nun, nach diesen Philosophen, für das Unsagbare deshalb nicht möglich, weil dieses, schon seiner Definition zufolge, nicht gesagt werden kann, und in einer ‚musikalischen' Weise davon zu sprechen, mag angenehm sein, sagt aber *nichts*. Eine der größten Gefahren des Gebrauchs der Sprache besteht eben darin, daß Worte, die angeblich etwas sagen sollen, in Wirklichkeit nur einen emotionalen Gehalt haben, also nichts sagen.

(3) Schließlich gibt es noch eine Gruppe von Denkern, die zwar den Satz von Wittgenstein prinzipiell anerkennen, aber daraus doch nicht folgern, daß der Philosoph sich auf die vollständig erkennbaren Gegenstände beschränken müsse. Zu dieser Gruppe gehören vor allem N. Hartmann mit seiner Lehre vom Irrationalen und die Thomisten mit ihrer Theorie der analogischen Gotteserkenntnis. Hartmann meint, es gebe zwar Irrationales, das für uns unerkennbar, also auch unsagbar sei, doch habe dieses Irrationale (es heißt bei ihm «metaphysisch») immer auch eine erkennbare Seite. Von hier aus könne man nicht nur das Irrationale abgrenzen, sondern auch die Antinomien, die hier immer auftreten, formulieren und so das Irrationale behandeln. Nach der thomistischen Analogielehre können wir, obgleich Gott seinem Wesen nach für uns unerkennbar ist, doch gewisse Prädikate ‚analogisch' auf ihn übertragen. Wir wissen zwar nicht und können auch nicht wissen, was z. B. das Denken Gottes ist, doch können wir sagen, daß es zu seinem Gegenstande gewisse Beziehungen hat, die jenen zwischen dem menschlichen Denken und seinem Gegenstand proportionell ähnlich sind. Man hat diese Lehre schon dahin weiter

ausgelegt, daß die in Gott gedachten Beziehungen jenen, die wir empirisch kennen, isomorphisch gleich sind. Wie man sieht, handelt es sich bei Hartmann wie bei den Thomisten *nicht* um das Sagen des Unsagbaren, sondern dessen, was an ihm sagbar ist.

BEZEICHNUNG UND BEDEUTUNG. An der objektiven Funktion des Zeichens muß wiederum zweierlei unterschieden werden, was einige terminologische Bemerkungen erfordert. Seit den Stoikern pflegt man das Bezeichnen vom Bedeuten zu unterscheiden. Die entsprechende Terminologie ist heute noch schwankend (so gebrauchte Gottlob Frege «Bedeutung» gerade im Sinne unserer «Bezeichnung»), aber der Grundsatz ist allgemein anerkannt und hat zu wichtigen methodologischen Regeln geführt. Wir sagen z. B., daß der Name «Pferd» alle individuellen Pferde *bezeichnet*, zugleich aber auch die «Pferdheit», also das, *was* jedes Pferd ist, *bedeutet*. Es zeigt sich hier, daß die Bezeichnung dem Umfang (*extensio*) des objektiven Begriffes, die Bedeutung seinem Inhalt (*intensio*) entspricht. Man spricht also mit Bezug auf die Bezeichnung von ‚*extensional*', mit Bezug auf die Bedeutung von ‚*intensional*'. Es sei hinzugefügt, daß das durch einen Namen Bezeichnete «*Designat*» dieses Namens heißt. Ob auch Aussagen und Funktoren Designate haben, ist umstritten. Bei Frege ist das Designat der Aussage ihr Wahrheitswert, also ihre Wahrheit, bzw. Falschheit.

Die Bezeichnung ist eine wesentlich *schwächere* Funktion als die Bedeutung, insofern mit der Bedeutung immer auch die Bezeichnung gegeben ist, aber nicht umgekehrt. Das kommt daher, daß dieselbe Klasse von Designaten verschiedene Inhalte haben kann, also einer und derselben Designaten-Klasse verschiedene Bedeutungen entsprechen können. Nehmen wir z. B. das Wort «Dreieck». Durch Aufzählung aller Dreiecke ist die Bezeichnung des Wortes gegeben; aber dieser Bezeichnung können ganz verschiedene Bedeutungen entsprechen, z. B. aus folgenden Inhalten gebildete: flache dreieckige Figur, flache Figur mit drei Seiten, Figur mit der Summe der Innenwinkel von 180° usw. Jeder dieser Inhalte bestimmt eindeutig die Klasse der Designate des Wortes «Dreieck».

Trotzdem haben Logik und Naturwissenschaften heute eine auffallende Tendenz zum extensionalen Denken, d. h. zum Gebrauch der Namen mit Berücksichtigung allein ihrer Bezeichnung. Diese an sich merkwürdige und übrigens von vielen Philosophen und Geisteswissenschaftern bekämpfte Tendenz wird dadurch verständlich, daß die Bezeichnung viel leichter zu handhaben ist als die Bedeutung. Zwar scheint es nicht möglich, die Bedeutung jemals vollständig auszuschalten, da letzten Endes die Bezeichnung nur durch die Bedeutung bestimmt werden kann, aber die Vorzüge des extensionalen Vorgehens sind auf den genannten Gebieten so groß, daß man es geradezu zur allgemeinen methodologischen Regel machte, soweit immer möglich extensional zu verfahren.

DIE SEMANTISCHEN STUFEN. Nach den vorstehenden Ausführungen wird eine andere wichtige zeitgenössische Lehre der Semantik verständlich: die Theorie der sogenannten semantischen Stufen. Ihr Grundgedanke besteht darin, daß man die Sprache über die Dinge von der Sprache über die Sprache selbst zu unterscheiden hat; letztere heißt mit Bezug auf erstere deren «Meta-Sprache». Etwas genauer läßt sich die Theorie folgendermaßen ausführen. Wir nehmen zunächst alle Seienden, die (von unserm Standpunkt aus) keine Zeichen sind, als Null-Stufe. Danach ergibt sich eine Klasse von Zeichen, die diese Gegenstände, also Elemente der Null-Stufe, bezeichnen; diese Klasse von Zeichen nennen wir «erste Stufe» oder «Objekt-Sprache». An diese zweite schließt sich eine dritte Klasse an: sie besteht aus Zeichen, welche die Zeichen der Objektsprache bezeichnen; sie bildet die «zweite Stufe» und ist die Metasprache der ersten Sprache. Man kann in dieser Weise immer weiter gehen. Im allgemeinen heißt «n-te Stufe» eine Sprache, die so geartet ist, daß wenigstens eines ihrer Zeichen ein der $n-1$-ten Stufe, keines aber ein Element der n-ten Stufe selbst oder einer höheren bezeichnet.

Diese Lehre führt zur Aufstellung einer neuen wichtigen Sinnregel, nämlich folgender semantischen Regel: jeder Ausdruck, in welchem von diesem Ausdruck selbst die Rede ist, ist sinnlos. Die Richtigkeit dieser Regel ist auf Grund des oben Gesagten leicht einzusehen: ein solcher Ausdruck würde zugleich zwei semantischen Stufen, der Objektsprache und der Metasprache, angehören, was mit der Lehre von den semantischen Stufen unvereinbar ist.

Ein Beispiel für die Anwendung dieser Regel ist der berühmte ‚Lügner‘, der von den Zeiten Platos bis zum Anfang dieses Jahrhunderts alle Logiker bemüht hat. Der Satz lautet: «Das, was ich jetzt sage, ist falsch.» Daraus ergibt sich unmittelbar ein Widerspruch, denn falls der Betreffende die Wahrheit sagt, dann sagt er etwas Falsches, und falls er keine Wahrheit sagt, dann ist das, was er gerade sagt, wahr. Die Schwierigkeit läßt sich nun leicht auf Grund unserer Regel lösen. Diese zeigt nämlich, daß der ‚Lügner' überhaupt keine Aussage ist, sondern ein semantischer Unsinn: es wird nämlich in dieser Pseudo-Aussage über sie selbst etwas gesagt.

Der ‚Lügner' ist nur ein Beispiel unter vielen der *semantischen Antinomien.* Mit der Syntax allein können diese nicht gelöst werden. Es hat sich auch gezeigt, daß viele wichtige Begriffe, wie z. B. der Wahrheitsbegriff, der Begriff des Designates usw. nur auf Grund der Metasprache einwandfrei behandelt werden können.

Aus den vorhergehenden Ausführungen folgt, daß alles, was *über* eine Wissenschaft zu sagen ist, nicht in der Sprache dieser Wissenschaft, aber in deren Meta-Sprache, auch «Meta-Wissenschaft» genannt, behandelt werden kann, so die Analyse der betreffenden wissenschaftlichen Symbolik, die Methodologie und anderes mehr. Heute besitzen mehrere Wissenschaften ihre Meta-Wissenschaft, u. a. besteht eine ausgebaute Meta-Logik und Meta-Mathematik.

Vom Gebrauch der Anführungszeichen. In Anwendung der Lehre von den semantischen Stufen sind bestimmte fachtechnische Regeln für den Gebrauch der Anführungszeichen aufgestellt worden. Sie werden heute von den meisten Logikern und Methodologen der Wissenschaften streng eingehalten.

Man setzt einen Ausdruck in Anführungszeichen, wenn er sich selbst oder einen gleichförmigen Ausdruck bezeichnet: ohne Anführungszeichen bezeichnet er nicht sich selbst, sondern etwas anderes. Mit andern Worten: ein Ausdruck zwischen Anführungszeichen ist ein Zeichen des Ausdrucks selbst, also ein metasprachlicher Ausdruck in Bezug auf einen ähnlichen Ausdruck ohne Anführungszeichen.

Einige Beispiele werden den Sinn dieser Regel verdeutlichen. Schreiben wir die Aussage

die Katze ist ein Tier

ohne das zweite Wort in Anführungszeichen zu setzen, dann ist die Aussage wahr, denn dann bezeichnet das zweite Wort das bekannte Haustier. Schreiben wir aber

die «Katze» ist ein Tier

so haben wir eine falsche Aussage formuliert, denn das zwischen Anführungszeichen stehende Wort bezeichnet keine Katze, sondern das *Wort* «Katze», und kein Wort ist ein Tier.

Hingegen ist die Aussage
> *die «Katze» besteht aus fünf Buchstaben*

offenbar wahr, aber die Aussage
> *die Katze besteht aus fünf Buchstaben*

ebenso offenbar falsch, denn das bekannte kratzende Tierchen besteht ja aus keinen Buchstaben.

Ein zwischen Anführungszeichen stehender Ausdruck ist immer ein *Name*, selbst dann, wenn er ohne Anführungszeichen etwa eine Aussage oder ein Funktor wäre; in Anführungszeichen ist er der *Name* dieser Aussage bzw. dieses Funktors.

Die Anführungszeichen werden freilich in der Alltagssprache auch anders angewandt; man setzt sie z. B. um einen Ausdruck, welcher in einem nicht geläufigen Sinne gebraucht wird. Es wäre jedoch empfehlenswert für solche Fälle andere Zeichen (eine andere graphische Gestalt der Anführungszeichen) zu wählen, als für den hier beschriebenen fachtechnischen Gebrauch.

10. Semantischer Sinn und Verifizierbarkeit

METHODOLOGISCHE BEDEUTUNG DES PROBLEMS. Wie schon bemerkt, muß zwischen dem syntaktischen und dem semantischen Sinn eines Ausdrucks unterschieden werden. Es kann nämlich sehr wohl vorkommen, daß ein Ausdruck nach den syntaktischen Regeln der betreffenden Sprache richtig gebildet, also syntaktisch sinnvoll ist, und daß er doch keinen semantischen Sinn hat. Damit ein Zeichen einen semantischen Sinn haben kann, müssen bestimmte *außersprachliche* Bedingungen erfüllt sein. Diese Bedingungen hängen mit der Verifizierbarkeit der Aussagen zusammen, d. h. mit einer Methode, die uns festzustellen erlaubt, ob eine Aussage wahr oder falsch ist.

Die Verifizierbarkeit ist durch die neuste Entwicklung der Naturwissenschaften für das methodologische Denken überaus wichtig geworden. Das zeigen die zwei folgenden Tatsachen.

(1) Der Fortschritt der modernen Naturwissenschaften wurde erst durch die Ausschaltung gewisser philosophischer Ausdrücke ermöglicht, nämlich solcher, deren Vorkommen in einer Aussage es unmöglich macht, diese Aussage mit empirischen Mitteln zu verifizieren.

(2) Im Verlauf der Entwicklung wurden auf dem Gebiet der modernen Naturwissenschaften selbst gewisse Ausdrücke einge-

führt (z. B. «Äther»), die sich in gleicher Weise wie die erwähnten philosophischen Ausdrücke als unbrauchbar erwiesen.

Diese Umstände ließen die Forderung laut werden, daß alle derartigen Ausdrücke aus der wissenschaftlichen Sprache auszuschalten seien. Die auf die positivistische Philosophie sich stützenden Methodologen des Wiener Kreises, sowie die Anhänger der empirisch-logischen Schule dehnten dieses Postulat auf das gesamte Erkennen aus, und zwar zuerst in sehr engen dogmatischen Formulierungen. Allmählich kam aber eine tolerantere Haltung auf. Für die heutige Forschung ergaben sich aus dieser Auseinandersetzung einige wichtige allgemeingültige Einsichten und gewisse Regeln für die Methode der Naturwissenschaften, aber auch mehrere schwierige Probleme.

DER SATZ DER VERIFIZIERBARKEIT. Es gibt zwei grundlegende Regeln, die beide «Satz der Verifizierbarkeit» genannt werden. Sie lauten:

(1) Eine Aussage ist semantisch sinnvoll, wenn man eine Methode aufweisen kann, durch die sie verifizierbar ist.

(2) Ein Ausdruck, der keine Aussage ist, ist semantisch sinnvoll, wenn man ihn als Teil einer semantisch sinnvollen, also verifizierbaren Aussage gebrauchen kann.

Diese beiden Sätze enthalten mehrere Worte, die genau verstanden werden müssen, um den Sinn der Regel richtig zu erfassen.

Zunächst ist zu bemerken, daß sie Sinn und Verifizierbarkeit nicht identifizieren. Einige Philosophen haben dies zwar getan, aber ihre These erwies sich als unhaltbar: der Sinn ist *nicht* die Verifizierbarkeit; wenn auch eine Aussage, *um* Sinn zu haben, verifizierbar sein muß, so sind deshalb doch Sinn und Verifizierbarkeit nicht dasselbe.

Ferner ist zu bemerken, daß die Verifizierbarkeit in den angeführten Sätzen nicht näher bestimmt ist. Auch diesbezüglich machte sich anfangs eine extremistische Meinung geltend, die nur eine Art der Verifizierbarkeit zulassen wollte, nämlich durch sinnliche Beobachtung der durch die Aussage gemeinten Sachlage. Heute ist man viel toleranter, man läßt nämlich mehrere Beobachtungsweisen zu. Die angeführten Regeln verlangen also nach der heute geltenden Auffassung nur *irgendeine* Methode, mittels der wir feststellen können, ob eine Aussage (in gewissem Grade) richtig oder unrichtig ist.

Um dies zu verstehen, mag man sich etwa folgende Aussage denken: «das Fenster in meinem Zimmer ist geschlossen». Wie könnte diese Aussage einen Sinn haben, wenn man dabei nicht wüßte, wie das, was sie besagt, feststellbar ist? Tatsächlich ist aber eine Methode gegeben, denn der Aussagende weiß, daß, falls er etwa die Hand durch das Fenster strecken wollte, er einem Widerstand begegnen würde usw.

Bemerkenswert ist auch, daß der obengenannte erste Satz gewissermaßen alle andern Sinnbedingungen einschließt. Um verifizierbar zu sein, muß z. B. eine Aussage syntaktisch sinnvoll sein. Ein syntaktischer Unsinn ist unmöglich verifizierbar.

WAS BEDEUTET «VERIFIZIERBAR»? Eine große Schwierigkeit bereitet indessen die Bedeutung des Wortes «verifizierbar» und also auch «Verifizierbarkeit». Eine Aussage ist verifizierbar, wenn man sie verifizieren oder falsifizieren kann, d. h. wenn es *möglich ist*, zu zeigen, daß sie wahr bzw. falsch ist. Was heißt aber «möglich»? H. Reichenbach unterscheidet folgende Bedeutungen dieses Wortes:

(1) *Technische Möglichkeit*. Sie besteht, wenn wir im Besitze der Mittel sind, die uns erlauben, die betreffende Aussage zu verifizieren. In diesem Sinne ist z. B. die Aussage «Die Temperatur des Sonnenkerns beträgt 20 000 000° C» nicht direkt verifizierbar. Es gibt, so werden wir also sagen, keine technische Verifizierbarkeit für sie.

(2) *Physische Möglichkeit*. Sie besteht dann, wenn die Verifizierung der Aussage den Gesetzen der Natur nicht widerspricht. Die oben genannte Aussage über die Temperatur des Sonnenkerns ist physisch verifizierbar, obwohl wir keine technische Möglichkeit für ihre Verifizierung haben. Hingegen kann die Aussage «bewegt sich ein Körper mit der Geschwindigkeit von 350 000 km-sek., dann wird er verschwindend leicht» physisch nicht verifiziert werden, weil nach den Gesetzen der Physik sich kein Körper mit dieser Geschwindigkeit bewegen kann.

(3) *Logische Möglichkeit*. Sie besteht in der Widerspruchsfreiheit der Verifizierung. Die unter (2) angeführte Aussage ist, obwohl physisch nicht verifizierbar, doch logisch verifizierbar, weil sie keinen Widerspruch enthält.

(4) *Transempirische Möglichkeit*. Reichenbach wählt als Beispiel hierfür die Aussage einer Anhängerin einer gewissen religiösen Sekte: «Die Katze ist ein göttliches Wesen».

Diese Einteilung der Möglichkeiten ist vom positivistischen Standpunkt aus durchgeführt, und das vierte Glied scheint eine illogische Konzession zu sein. Man könnte auch eine andere Einteilung, und zwar nach den Arten der Erfahrung, durch die eine Aussage verifizierbar sein soll, vornehmen. Danach gäbe es eine sinnliche, eine introspektive, eine phänomenologische und eine transnatürliche Verifizierbarkeit. Es scheint z. B. kein Zweifel daran zu bestehen, daß die Phänomenologen ihre Aussagen durch eine Erfahrung eigener Art, durch die Wesensschau verifizieren. Ähnlicherweise sind Glaubenssätze zwar nicht verifiziert, aber doch verifizierbar, allerdings nicht mit natürlichen Mitteln.

R. Carnap hat seinerseits das *Toleranzprinzip* aufgestellt: es steht jedem frei, zu bestimmen, welche Art von Verifizierbarkeit er zulassen will. Indessen gilt heute in den Naturwissenschaften allgemein die Regel, daß nur solche Aussagen auf diesem Gebiet als sinnvoll betrachtet werden dürfen, die letzten Endes durch eine sinnliche Erfahrung verifizierbar sind. Unter Verifizierbarkeit aber versteht man hier gewöhnlich eine etwas weitere als die technische und eine etwas engere als die rein physische.

PRINZIP DER INTERSUBJEKTIVITÄT. Der Satz der Verifizierbarkeit wurde durch das sogenannte Prinzip der Intersubjektivität noch viel strenger bestimmt. Nach diesem Prinzip muß die für den Sinn unentbehrliche Verifizierung *intersubjektiv*, d. h. mehreren Forschern zugänglich sein. Es genügt nicht, daß es überhaupt eine Methode der Verifikation gebe; wenigstens prinzipiell muß der Gebrauch dieser Methode intersubjektiv möglich sein. Die neupositivistischen Methodologen, die dieses Prinzip zuerst aufstellten, lehnten daher jede introspektive Psychologie als sinnlos ab. Sie meinten nämlich, eine Aussage über eigene psychische Zustände könne nie durch einen Anderen verifiziert werden und müsse deshalb jeden Sinnes entbehren. In der Tat scheint hier eine intersubjektive Verifikation logisch unmöglich zu sein. Das Prinzip der Intersubjektivität führte daher zunächst zu einem durchgehenden *Physikalismus*, d. h. zum Verbot, Ausdrücke zu gebrauchen, die keine physikalischen Vorgänge und Dinge bezeichnen.

Es liegt aber auf der Hand, daß das Intersubjektivitätsprinzip streng genommen überhaupt *jede* Aussage verbieten würde. Denn auch auf dem Gebiete des Physischen ist die Beobachtung *desselben* Phänomens durch zwei Forscher nicht möglich: entweder sehen sie es nacheinander, und dann ist unterdessen eine Änderung im Phänomen eingetreten, das Phänomen ist ein anderes geworden, oder sie sehen es von zwei verschiedenen Beobachtungspunkten aus, und dann sehen sie verschiedene Aspekte des Phänomens, jeder einen andern. Streng intersubjektiv kann *keine* Verifizierung sein.

Deshalb wird heute dieses Prinzip zwar nicht gerade verworfen, aber mehr nur als ein regulatives angenommen. Man soll also, nach heutiger Auffassung, soweit als möglich nur solche Ausdrücke brauchen und solche Aussagen bilden, die auch durch Andere relativ leicht verifizierbar sind. So formuliert, gilt die Regel allgemein für alle Wissensgebiete und soll sie streng angewandt werden. Leider haben zu viele noch nicht eingesehen, wie wichtig dies ist. Für die empirischen Wissenschaften – mit Ausnahme der Psychologie, falls sie als eine Naturwissenschaft anzusehen ist – gilt das Prinzip in dem Sinne, daß die individuellen Aussagen durch *sinnliche* Beobachtung verifizierbar sein sollen.

VERIFIZIERBARKEIT DER ALLAUSSAGEN. Wie steht es nun aber, wird man mit Recht fragen, mit den allgemeinen Aussagen? Eine solche Aussage kann offenbar nie durch sinnliche Beobachtung verifiziert werden. Man könnte z. B. noch verifizieren, daß ein Phänomen in 100,100.000,100.000.000 Fällen auftritt, aber es ist logisch unmöglich zu verifizieren, daß es in *allen* möglichen Fällen zustande kommt. Sofern man also auf der sinnlichen Verifizierbarkeit besteht, scheinen Allaussagen sinnlos zu sein. Aber anderseits ist eine Naturwissenschaft ohne Allaussagen unmöglich, sie besteht ja vornehmlich aus solchen und könnte ohne sie kaum eine Naturwissenschaft sein.

Die Methodologen unterscheiden nun zwei verschiedene Klassen von Allaussagen: die sogenannten logischen und die sogenannten empirischen Allaussagen. Erstere können nach allgemeiner Auffassung nicht durch die Beobachtung verifiziert werden, sie haben dies auch nicht nötig, um sinnvoll zu sein. Wieso aber eine solche Aussage trotzdem sinnvoll sein kann, darüber gehen die Ansichten entsprechend dem jeweiligen philosophischen Ausgangspunkt auseinander. Die phänomenologisch eingestellten Forscher nehmen an, daß die *Axiome* der *Logik* durch eine geistige Einsicht, etwa eine Wesensschau, verifizierbar sind; die Empiristen hingegen halten solche Aussagen für ‚*leer*‘, zwar nicht geradezu für sinnlos, aber doch für unabhängig von den allgemeinen Regeln der semantischen Sinnhaftigkeit. Jedenfalls bleibt, wie immer man sie auch theoretisch begründen möge, die Tatsache heute bestehen, daß diese logischen Aussagen sinnlich (empirisch) nicht zu verifizieren sind. Darin liegt ein fundamentaler Unterschied zwischen der heutigen Methodologie und den älteren Ansichten von *Comte* und *Mill*.

Die sogenannten empirischen Allaussagen hingegen sind nach der vorherrschenden Meinung dann semantisch sinnvoll, wenn aus ihnen wenigstens eine durch sinnliche Beobachtung verifizierbare Aussage abgeleitet werden kann. Demnach ist z. B. die Aussage «Jedes Stück Schwefel verbrennt mit blauer Flamme» sinnvoll, denn man kann aus ihr die sinnlich verifizierbare Aussage «Dieses Stück Schwefel verbrennt mit blauer Flamme» ableiten. Hingegen gilt die philosophische Aussage «Jedes Stück Schwefel besteht aus Stoff und Form» als sinnlos, weil daraus keine sinnlich beobachtbare Aussage ableitbar ist.

Es hat sich aber neuerdings gezeigt, daß eine präzise Formulierung dieses Postulates auf große Schwierigkeiten stößt. Die Hauptschwierigkeit läßt sich folgendermaßen formulieren: Für gewöhnlich kann man von einer Aussage allein nichts ableiten, nur von mehreren, also z. B. von einer vorher ausgebauten Theorie usw. Man muß also das Prinzip in diesem Sinne erweitern. Dann aber zeigt sich, daß praktisch aus *allen* Aussagen eine sinnlich verifizierbare Aussage ableitbar ist. Als Beispiel mag die metaphysische Aussage «das Absolute ist vollkommen» dienen. Verbinden wir sie mit der Aussage «dieser Baum hier blüht», dann kann man aus der Verbindung z. B. die Aussage «es gibt auf diesem Baum hier Blumen» ableiten, und dadurch wird unsere gewiß nicht naturwissenschaftliche Aussage über das Absolute naturwissenschaftlich verifizierbar und sinnvoll.

Die, wie es scheint, heute einzig mögliche Lösung dieser Schwierigkeit bestünde in der Aufstellung eines Verzeichnisses von Ausdrücken, die in den Naturwissenschaften als zulässig gelten sollen. Wie man sieht, handelt es sich also letzten Endes nicht um eine Wahrheit, die irgendwie beweisbar wäre, sondern ausschließlich um eine rein praktische Regel. Ihre Rechtfertigung liegt in ihrer Nützlichkeit für die Entwicklung der Naturwissenschaften. Auf andern Gebieten kommt sie natürlich nicht in Frage; nur auf Grund sehr zweifelhafter philosophischer Dogmen könnte man behaupten, daß sie auch hier nützlich, ja notwendig wäre.

Eine andere Schwierigkeit bereiten Worte, die Zustände bezeichnen, z. B. «lösbar». Man kann sinnlich verifizieren, daß eine

Substanz sich tatsächlich (z. B. in Wasser) löst, aber wenn man hieraus eine Definition der Lösbarkeit im Wasser ableiten will, kommt es zu Unstimmigkeiten. Es wäre leicht, auf Grund einer solchen Definition zu zeigen, daß jeder Gegenstand, z. B. ein Stück Eisen, den man nie in Wasser legt, als im Wasser lösbar gelten muß. Und doch kann die Naturwissenschaft ohne solche Worte nicht auskommen. R. Carnap hat diese Schwierigkeit teilweise mittels seiner ‚reduktiven Definitionen' gelöst. Wir können hier nicht weiter auf diese Fragen eingehen, erwähnen sie aber, um auf die wichtigen Probleme hinzuweisen, die das streng gefaßte Verifikationsprinzip stellt.

11. Beispiel der Anwendung der semantischen Methoden

A. Tarski: Der Begriff der wahren Aussage in der Umgangssprache.*

Zur Einführung des Lesers in den Kreis unserer Untersuchungen erscheint mir eine – wenn auch nur flüchtige – Betrachtung des Problems der Wahrheitsdefinition in Bezug auf die *Umgangssprache* wünschenswert; ich möchte hier besonders die verschiedenartigen Schwierigkeiten hervorheben, denen die Versuche einer Lösung dieser Aufgabe begegnen.

Unter den mannigfaltigen Bestrebungen, welche die Konstruktion einer korrekten Definition der Wahrheit für die Aussagen der Umgangssprache bezwecken, scheint wohl der Versuch einer *semantischen Definition* der natürlichste zu sein. Ich meine hier eine Definition, welche man zunächst in folgende Worte kleiden könnte:

(1) *eine wahre Aussage ist eine Aussage, welche besagt, daß die Sachen sich so und so verhalten, und die Sachen verhalten sich eben so und so.*

In Hinsicht auf formale Korrektheit, Klarheit und Eindeutigkeit der in ihr auftretenden Ausdrücke läßt obige Formulierung offenbar viel zu wünschen übrig. Nichtsdestoweniger scheint der anschauliche Sinn und die allgemeine Intention dieser Formulierung recht klar und verständlich zu sein; es wäre eben die Aufgabe einer semantischen Definition, diese Intention zu präzisieren und ihr eine korrekte Form zu geben.

---

* Aus: Alfred Tarski, *Der Wahrheitsbegriff in den formalisierten Sprachen*. In: Studia Philosophica, 1, Leopoli 1935, 267-279. (Mit Auslassungen.) Ich bin Herrn Professor Tarski für die freundliche Erlaubnis, diesen Text hier abzudrucken, sehr verpflichtet.

Als Ausgangspunkt drängen sich gewisse Sätze speziellen Charakters auf, welche als Teildefinitionen der Wahrheit einer Aussage oder richtiger als Erklärungen verschiedener konkreter Redewendungen vom Typus «x ist eine wahre Aussage» gelten können. Das allgemeine Schema dieser Art von Sätzen stellt sich folgendermaßen dar:

(2) <u>x *ist eine wahre Aussage dann und nur dann, wenn p;*</u>

um konkrete Erklärungen zu gewinnen, setzen wir in diesem Schema an Stelle des Symbols p irgend eine Aussage und an Stelle des x einen beliebigen Einzelnamen dieser Aussage ein.

Ist uns für eine Aussage ein Einzelname gegeben, so können wir für ihn eine Erklärung vom Typus (2) konstruieren, falls es uns nur möglich ist, die durch diesen Namen bezeichnete Aussage anzuführen. Die wichtigste und die häufigste Kategorie von Namen, für welche die obige Bedingung erfüllt ist, sind die sog. *Anführungsnamen*; wir bezeichnen nämlich mit diesem Terminus jeden Namen einer Aussage (oder eines beliebigen anderen, sogar sinnlosen Ausdrucks), welcher aus Anführungszeichen (dem links- und rechtsseitigen) und dem Ausdruck besteht, der zwischen den Anführungszeichen steht und der eben das durch den betrachteten Namen Bezeichnete ist. Als Beispiel eines solchen Anführungsnamens einer Aussage kann etwa der Name «es schneit» dienen; die entsprechende Erläuterung vom Typus (2) lautet in diesem Falle:

(3) *«es schneit» ist eine wahre Aussage dann und nur dann, wenn es schneit.*

Eine andere Kategorie von Einzelnamen von Aussagen, für die wir analoge Erklärungen konstruieren können, bilden die sog. *strukturell-deskriptiven Namen*. So wollen wir solche Namen nennen, welche beschreiben, aus welchen Worten der durch den Namen bezeichnete Ausdruck sowie aus welchen Zeichen jedes einzelne Wort besteht und in welcher Ordnung diese Zeichen und Worte aufeinanderfolgen. Solche Namen kann man ohne Hilfe von Anführungszeichen formulieren. Zu diesem Zwecke muß man in die Sprache, deren man sich bedient, also in diesem Falle in die Umgangssprache, für alle Buchstaben und alle anderen Zeichen, aus welchen die Worte und Ausdrücke der Sprache bestehen, irgendwelche Einzelnamen, die aber keine Anführungsnamen sind, einführen; so z. B. kämen als Namen der Buchstaben a, e, f, j, p, x ... die Bezeichnungen A, E, Ef, Jot, Pe, Iks ... in Betracht. Es ist klar, daß man nunmehr jedem Anführungsnamen einen strukturell-deskriptiven Namen zuordnen kann, der ohne

Anführungszeichen aufgebaut ist und denselben Umfang besetzt (d. i. denselben Ausdruck bezeichnet) und umgekehrt; so entspricht z. B. dem Namen «Schnee» der Name: «ein Wort, das aus den sechs aufeinander folgenden Buchstaben: *Es, Ce, Ha, En, E* und *E* besteht». Es leuchtet also ein, daß man auch für strukturell-deskriptive Namen von Aussagen Teildefinitionen vom Typus (2) konstruieren kann. Dies ist aus folgendem Beispiele ersichtlich:

(4) *ein Ausdruck, der aus zwei Worten gebildet ist, von denen das erste aus den zwei aufeinander folgenden Buchstaben: E, Es, das zweite aus den sieben aufeinander folgenden Buchstaben: Es, Ce, Ha, En, E, I, Te besteht, ist eine wahre Aussage dann und nur dann, wenn es schneit.*

Sätze, die (3) und (4) anolog sind, scheinen evident zu sein und vollkommen mit der Bedeutung des Wortes «wahr» übereinzustimmen, welche in der Formulierung (1) ihren Ausdruck gefunden hat.

Sie erregen auch bezüglich der Klarheit ihres Inhaltes und der Korrektheit ihrer Form im allgemeinen keinen Zweifel (freilich nur unter der Voraussetzung, daß die Aussagen, die wir in (2) für das Symbol p einsetzen, keine derartigen Zweifel erregen.

Hier ist jedoch eine gewisse Einschränkung nötig. Es sind Situationen bekannt, in denen Behauptungen von eben diesem Typus im Verein mit gewissen anderen, intuitiv nicht minder evidenten Prämissen zu einem offenbaren Widerspruch führen, nämlich zu der sog. *Antinomie des Lügners*. Wir wollen eine möglichst einfache, von *J. Lukasiewicz* stammende Fassung dieser Antinomie angeben.

Der größeren Übersichtlichkeit wegen wollen wir uns des Symbols c als typographischer Abkürzung des Ausdrucks «*die auf dieser Seite, Zeile 13 von unten gedruckte Aussage*» bedienen. Beachten wir nun folgende Aussage:

c ist keine wahre Aussage.

Berücksichtigen wir die Bedeutung des Symbols c, so können wir auf empirischem Wege feststellen:

(α) «*c ist keine wahre Aussage*» *ist mit c identisch.*

Für den Anführungsnamen der Aussage c (oder irgend einen anderen ihrer Einzelnamen) stellen wir ferner eine Erklärung vom Typus (2) auf:

(β) «*c ist keine wahre Aussage*» *ist eine wahre Aussage dann und nur dann, wenn c keine wahre Aussage ist.*

Die Prämissen (α) und (β) zusammen ergeben sofort einen Widerspruch:

c ist eine wahre Aussage dann und nur dann, wenn c keine wahre Aussage ist.

Die Quelle dieses Widerspruchs kann man leicht aufdecken:

um die Behauptung (β) zu konstruieren, haben wir für das Symbol *p* in Schema (2) einen Ausdruck eingesetzt, welcher selbst den Terminus «wahre Aussage» enthält (weshalb die so gewonnene Behauptung – im Gegensatz z. B. zu (3) oder (4) – nicht mehr als Teildefinition der Wahrheit gelten kann.) Man kann jedoch keinen vernünftigen Grund angeben, der solche Einsetzungen grundsätzlich verbieten sollte.

Ich beschränke mich hier auf die Formulierung obiger Antinomie und behalte es mir für später vor, die entsprechenden Konsequenzen aus dieser Tatsache zu ziehen. Von dieser Schwierigkeit absehend, versuche ich zunächst eine Definition der wahren Aussage durch Verallgemeinerung der Erklärungen vom Typus (3) zu konstruieren. Auf den ersten Blick kann diese Aufgabe als eine ganz leichte erscheinen – besonders für jemanden, der den Apparat der modernen mathematischen Logik einigermaßen beherrscht. Man könnte meinen, daß man durch die Einsetzung einer beliebigen Aussagevariablen (d. i. eines Symbols, für das man beliebige Aussagen einsetzen kann) in (3) für den zweimal dort auftretenden Ausdruck «es schneit» und weiterhin durch die Feststellung, daß die so gewonnene Formel für jeden Wert der Variablen gilt, ohne weiteres zu einem Satz gelangt, welcher alle Behauptungen vom Typus (3) als Spezialfälle umfaßt:

(5) *für ein beliebiges p – «p» ist eine wahre Aussage dann und nur dann, wenn p.*

Obiger Satz könnte schon aus dem Grunde nicht als allgemeine Definition des Ausdrucks «*x* ist eine wahre Aussage» gelten, weil die Gesamtheit der möglichen Einsetzungen für das Symbol *x* hier auf die Anführungsnamen eingeschränkt wurde. Um diese Einschränkung zu beseitigen, müßte man sich auf die bekannte Tatsache berufen, daß jeder wahren Aussage (und überhaupt jeder Aussage) ein Anführungsname entspricht, der eben diese Aussage bezeichnet. Auf Grund dieser Tatsache könnte man eine Verallgemeinerung der Formulierung (5) z. B. auf folgende Weise versuchen:

(6) *für ein beliebiges x – x ist eine wahre Aussage dann und nur dann, wenn – für ein gewisses p – x mit «p» identisch ist und dabei p.*

Auf den ersten Blick würden wir vielleicht geneigt sein, den Satz (6) als korrekte semantische Definition des Ausdrucks «wahre Aussage» gelten zu lassen, welche auf präzise Weise die Intention der Formulierung (1) realisiert, und sie deshalb als zufriedenstellende Lösung des uns hier interessierenden Problems anzuerkennen. Im Grunde genommen ist jedoch die Sache keineswegs so einfach: sobald wir die Bedeutung der in (5) und (6) auftretenden

Anführungsnamen zu analysieren beginnen, bemerken wir eine Reihe von Schwierigkeiten und Gefahren.

Die Anführungsnamen kann man so wie einzelne Worte einer Sprache behandeln, also so wie syntaktisch einfache Ausdrücke; die einzelnen Bestandteile dieser Namen – die Anführungszeichen und die in den Anführungszeichen stehenden Ausdrücke – erfüllen dieselbe Funktion, wie die Buchstaben oder die Komplexe der aufeinanderfolgenden Buchstaben in den einzelnen Worten, sie besitzen also in diesem Zusammenhang keine selbständige Bedeutung. Jeder Anführungsname ist dann ein konstanter Einzelname eines bestimmten Ausdrucks (nämlich des in Anführungszeichen gefaßten Ausdrucks) und zwar ein Name von demselben Charakter wie die Eigennamen der Menschen; so bezeichnet z. B. der Name p einen der Buchstaben des Alphabets. Bei dieser Interpretation, welche nb. die natürlichste zu sein und der gewöhnlichen Gebrauchsweise der Anführungszeichen vollkommen zu entsprechen scheint, sind Teildefinitionen vom Typus (3) für irgend welche vernünftige Verallgemeinerungen nicht verwendbar. Keineswegs kann die Aussage (5) bzw. (6) als eine solche Verallgemeinerung gelten: bei Anwendung der sog. Einsetzungsregel auf (5) haben wir nämlich kein Recht, irgend etwas für den Buchstaben p, welcher als Bestandteil eines Anführungsnamens auftritt, einzusetzen (so wie es uns nicht erlaubt ist, irgend etwas für den Buchstaben w in dem Worte «wahre» einzusetzen). Daher erhalten wir als Konklusion nicht (3), sondern folgende Aussage: p ist eine wahre Aussage dann und nur dann, wenn es schneit. Man ersieht bereits hieraus, daß die Aussagen (5) und (6) keine Formulierungen jener Gedanken sind, die wir ausdrücken möchten, und daß sie sogar offenbar unsinnig sind. Die Aussage (5) führt sogar sofort zu einem Widerspruch, denn man kann aus ihr, neben der oben angegebenen Konsequenz ebenso leicht die ihr widersprechende Konsequenz ableiten: p ist eine wahre Aussage dann und nur dann, wenn es nicht schneit. Die Aussage (6) allein führt zwar zu keinem Widerspruch, es folgt aber aus ihr der offenbar widersinnige Schluß, wonach der Buchstabe p die einzige wahre Aussage wäre.

Das Scheitern der bisherigen Versuche führt von selbst auf die Vermutung, daß das hier betrachtete Problem sich überhaupt nicht in befriedigender Weise lösen läßt. Man kann sich tatsächlich auf gewichtige Argumente allgemeiner Natur berufen, welche diese Vermutung nahelegen und welche ich hier nur kurz besprechen werde.

Ein charakteristisches Merkmal der Umgangssprache (im Gegensatz zu verschiedenen wissenschaftlichen Sprachen) ist ihr Universalismus: es wäre mit dem Geiste dieser Sprache unvereinbar, wenn in irgendeiner anderen Sprache Worte oder Ausdrücke auftreten würden, die man nicht in die Umgangssprache übersetzen könnte; «wenn man überhaupt über irgend etwas sinnvoll sprechen kann, so kann man darüber auch in der Umgangssprache sprechen». Dieser universalistischen Tendenz der Umgangssprache in Bezug auf semantische Untersuchungen folgend, müssen wir konsequenterweise in die Sprache neben ihren beliebigen Aussagen und anderen Ausdrücken auch die Namen dieser Aussagen und Ausdrücke, weiterhin die Aussagen, welche diese Namen enthalten, ebenso solche semantischen Ausdrücke wie «wahre Aussage», «Name», «bezeichnen» usw. aufnehmen. Andrerseits ist eben dieser Universalismus der Umgangssprache im Gebiete der Semantik vermutlich die wesentliche Quelle aller sog. semantischen Antinomien, wie der Antinomie des Lügners oder der heterologischen Worte; diese Antinomien scheinen einfach ein Beweis dafür zu sein, daß sich auf dem Boden jeder Sprache, welche im obigen Sinne universal wäre und für welche hiebei die normalen Gesetze der Logik gelten sollten, ein Widerspruch ergeben muß. Dies betrifft besonders jene Formulierung der Antinomie des Lügners, welche ich Seite (69 und 70) angegeben habe und welche keine Anführungsfunktion mit variablem Argument enthält. Wenn wir nämlich die Antinomie in obiger Formulierung analysieren, so gewinnen wir die Überzeugung, daß eine widerspruchsfreie Sprache existieren kann, für welche die gewöhnlichen Gesetze der Logik gelten und die zugleich folgende Bedingungen erfüllt: (I) neben einer beliebigen Aussage, welche in der Sprache auftritt, gehört auch ein gewisser Einzelname dieser Aussage zur Sprache; (II) jeder Ausdruck, der aus (2) durch Ersetzung des Symbols p durch eine beliebige Aussage der Sprache und des Symbols x – durch einen Einzelnamen dieser Aussage entsteht, soll als wahre Aussage dieser Sprache anerkannt werden; (III) in der betrachteten Sprache läßt sich eine empirisch begründete und mit (a) gleichbedeutende Prämisse formulieren und als eine wahre Aussage anerkennen.

Sind obige Bemerkungen richtig, *so scheint selbst die Möglichkeit eines konsequenten und dabei mit den Grundsätzen der Logik und dem Geiste der Umgangssprache übereinstimmenden Gebrauchs des Ausdrucks «wahre Aussage» und, was daraus folgt, die Möglichkeit des Aufbaus irgend welcher korrekten Definition dieses Ausdrucks sehr in Frage gestellt.*

IV. DIE AXIOMATISCHE METHODE

12. Allgemeines

STRUKTUR DES MITTELBAREN ERKENNENS. Ist der Gegenstand des Erkennens nicht unmittelbar gegeben, dann muß er durch einen anderen Gegenstand – also mittelbar – erkannt werden. Da der Gegenstand ein Sachverhalt ist, dieser aber durch einen Satz erfaßt wird, handelt es sich bei jedem mittelbaren Erkennen um ein *Schließen* von einem Satz auf einen anderen oder um ein *Ableiten* des zweiten Satzes aus dem ersten. Es ist eine der wichtigsten Einsichten der exakten Methodologie, daß man die Richtigkeit eines Satzes entweder direkt einsehen oder erschließen muß; ein anderes Verfahren gibt es nicht und kann es auch nicht geben. Im Folgenden sprechen wir indessen, wie heute allgemein üblich, nicht von Sätzen, sondern von (sinnvollen) Aussagen.

Wie kommt ein Schließen zustande? Voraussetzung ist ein Zweifaches: *erstens* eine als richtig anerkannte Aussage, *zweitens* eine Regel, die uns erlaubt, «auf Grund» dieser Aussage eine andere Aussage als richtig anzuerkennen. Und zwar zeigt sich bei genauerer Untersuchung, daß die vorausgesetzte Aussage immer eine zusammengesetzte sein muß; es handelt sich dabei um eine Konjunktion (ein logisches Produkt) von wenigstens zwei Aussagen. Ein einfaches Beispiel ist das folgende: wir haben eine konditionale Aussage der Form «wenn A, dann auch B» und dazu eine Aussage der Form «A»; dazu besitzen wir eine Schlußregel, die so formuliert werden kann: «hat man im System eine konditionale Aussage («wenn A, dann B») und damit auch eine mit ihrem Vordersatz («A») gleichförmige Aussage, so darf man in das System eine mit dem Nachsatz dieser konditionalen («B») gleichförmige Aussage einführen». Auf Grund dieser Aussagen und mit Hilfe der genannten Regel erschließen wir «B».

Man kann dieses Beispiel verallgemeinern und sagen, daß die Prämissen etwa die Form von $F(p_1, p_2, p_3, ..., p_n)$ und p_j (wobei $1 \leq j \leq n$) haben, die Schlußregel aber daraus auf p_k ($1 \leq k \leq n$) zu schließen erlaubt. Es kommt auch vor, daß man anstatt p_j bzw. p_k deren Negaten hat – aber die Grundstruktur bleibt immer dieselbe. Jedes mittelbare Erkennen hat diese und keine andere Form.

Noch einige terminologische Bemerkungen. Die vorausgesetzten Aussagen heißen «Prämissen»; die abgeleitete Aussage nennt man

«Schluß»; die Operation, in der man die Prämissen und die Regel ausdrücklich formuliert, um den Schluß zu begründen, wird «Beweis» genannt. Die oben angeführte, sehr oft gebrauchte Schlußregel ist der *modus ponendo ponens*, oder kürzer *modus ponens*.

GESETZ UND REGEL. Diese Ausführungen werden vielleicht nicht jedem gleich einleuchten. Wozu, mag man fragen, noch die Regel? Nehmen wir z. B. einen kategorischen Syllogismus *in Barbara*:

Alle Logiker rauchen Pfeife,
Alle Methodologen sind Logiker,
Also rauchen alle Methodologen Pfeife.

Der Schluß folgt, so wird man sagen, unmittelbar aus den Prämissen, und zudem setzt er keine konditionale Aussage voraus; es liegt ein kategorischer Syllogismus vor.

Dem ist jedoch nicht so. Es ist bemerkenswert, daß Aristoteles, der Begründer der kategorischen Syllogistik, seine Syllogismen fast nie in der oben angegebenen Form bildet. Unser Beispiel würde er so formulieren:

Wenn alle Logiker Pfeife rauchen
und alle Methodologen Logiker sind,
dann rauchen alle Methodologen Pfeife.

Um hier zum Schluß («alle Methodologen rauchen Pfeife») zu gelangen, muß man also noch eine andere Prämisse haben, nämlich die (zusammengesetzte)Aussage:

Alle Logiker rauchen Pfeife, und alle Methodologen sind Logiker.

Obwohl also der Syllogismus selbst ein kategorischer ist, kommt der Beweis nur dadurch zustande, daß man darüber hinaus den *modus ponendo ponens* voraussetzt. Und zwar muß dieser *modus* nicht als ein Gesetz, sondern als eine Regel gedacht werden. Ein Gesetz sagt nämlich, was *ist* – in unserem Fall: wenn so, dann so; wir müssen aber wissen, was wir *tun können;* und dies kann nur eine Regel angeben.

Natürlich braucht man nicht bei jedem Schlußverfahren an diese Regel zu denken; das Verfahren ist oft so einfach und natürlich, daß wir es ohne weiteres anwenden. Aber erstens ist die Lage nicht immer so schlicht wie in unserem Syllogismus; in den höheren Regionen des Denkens ist sie fast nie einfach, im Gegenteil gewöhnlich nur zu komplex. Und zweitens müssen wir aus den im Kapitel über den Formalismus dargelegten Gründen in solchen komplizierten Beweisgängen oft den Formalismus gebrauchen. Tun wir dies aber, dann abstrahieren wir vom Sinn der gebrauchten

Sätze und können ohne eine ausdrücklich formulierte Regel überhaupt nicht vorgehen.

Das sind die Gründe, mit welchen die Theoretiker des axiomatischen Verfahrens ihre Unterscheidung zwischen Gesetz und Regel rechtfertigen.

Die zwei Grundformen des Schliessens. Die Unterscheidung zwischen Gesetzen und Regeln hat nicht nur eine große theoretische Bedeutung, sie erlaubt auch, wie J. Łukasiewicz zeigte, alle Schlußverfahren in zwei große Klassen einzuteilen, nämlich in Deduktion und Reduktion. Diese Einteilung wird uns als allgemeiner Rahmen für die weitere Darstellung der neueren Denkmethoden dienen.

Man setzt dabei voraus, daß in allen Beweisen die Prämissen so umgestaltet werden können, daß die eine eine konditionale Aussage («wenn A, dann B»), die andere aber entweder dem Vordersatz oder dem Nachsatz dieser Aussage gleichförmig ist. Das ist auch tatsächlich der Fall: die mathematische Logik erlaubt, eine solche Umformung immer vorzunehmen. Die beiden Fälle können so dargestellt werden:

(1) *wenn A, dann B* (2) *wenn A, dann B*
 nun aber A   *nun aber B*
 also B   *also A*

Ein Schließen nach dem ersten Schema heißt nun nach Łukasiewicz «*Deduktion*», jenes nach dem zweiten Schema «*Reduktion*». Die in der Deduktion gebrauchte Schlußregel ist der schon erwähnte *modus ponens;* dieser bietet keine Schwierigkeiten. Hingegen mag die in der Reduktion angewandte Schlußregel verdächtig erscheinen, denn wie bekannt ist der Schluß von dem Nachsatz auf den Vordersatz einer konditionalen Aussage in der Logik ungültig. Und doch wird die entsprechende Regel sehr oft angewandt, sowohl im Alltagsleben wie auch besonders in den Wissenschaften.

Łukasiewicz zeigt nämlich, daß die sogenannte Induktion ein spezieller Fall der Reduktion ist. Nehmen wir ein einfaches Beispiel: es seien drei Stücke Phosphor, a, b, c, von denen man festgestellt hat, daß sie sich unter $60^{\circ}C$ entzünden; wir schließen daraus, daß *alle* Stücke Phosphor sich so verhalten. Was ist das Schema dieses Schlußverfahrens? Offenbar handelt es sich um das folgende:

Wenn alle Stücke weißen Phosphor sich unter $60^{\circ}C$ entzünden, dann auch a, b und c,

nun aber entzünden sich a, b und c unter 60°C,
also entzünden sich alle Stücke weißen Phosphor unter 60°C.

Das ist aber ganz offenbar eine Reduktion, denn wir haben aus einer konditionalen Aussage und ihrem *Nachsatz* den Vordersatz erschlossen. Solche Induktionen werden in jeder Natur- und Geisteswissenschaft angewandt, sie sind sogar häufiger als andere Schlußverfahren (wenn sie auch nicht die einfache Form des hier angeführten Beispiels haben).

Die Reduktion stellt sehr schwierige, bis jetzt noch nicht endgültig gelöste Probleme dar, die wir im nächsten Abschnitt etwas eingehender behandeln. Hier ist zunächst noch einiges über die Arten der Schlußregeln zu sagen.

UNFEHLBARE UND FEHLBARE SCHLUSSREGELN. Betrachten wir die beiden Formen des Schließens näher, so sehen wir, daß zwischen ihnen ein grundlegender Unterschied besteht: der *modus ponens*, der als Regel der Deduktion dient, ist eine absolut unfehlbare Schlußregel; hingegen ist die entsprechende Schlußregel der Reduktion nicht unfehlbar.

Wann ist eine Schlußregel unfehlbar? Die Antwort lautet: dann und nur dann, wenn, falls die Prämissen wahr sind, auch der vermittels dieser Regel abgeleitete Schluß wahr ist. Und zwar gilt dies für alle möglichen Prämissen, sofern sie nur die oben beschriebene Form haben. Es handelt sich hier um eine strenge Allgemeingültigkeit, die manchmal auch «a priori» genannt wird und offenbar zu einem besonderen Gebiet gehört. Es ist dies das sogenannte logische, im strengen Sinne formal-logische Gebiet. Eine Schlußregel gehört zwar nicht direkt dem Gebiet der Logik an – wenigstens im geläufigen Sinne – aber einer unfehlbaren Schlußregel entspricht immer ein Gesetz, das innerhalb der Logik und kraft der logischen Prinzipien absolut gilt.

Über die Beziehungen der formalen Logik zur Methodologie des mittelbaren Erkennens ist Folgendes zu bemerken.

1) Die Logik ist von der Methodologie scharf zu unterscheiden; sie untersucht nämlich nur allgemeingültige Aussagen, die Methodologie aber nicht nur solche.

2) Die Logik bildet die unmittelbare Grundlage der deduktiven Methodologie, insofern ihre Gesetze sich unmittelbar in deduktive, unfehlbare Schlußregeln übersetzen lassen.

3) Außerdem spielt die Logik in jedem Schlußverfahren noch eine weitere Rolle dadurch, daß die erste Prämisse sehr oft eine

Einsetzung in ein logisches Gesetz ist. So ist die Prämisse im oben angeführten Beispiel vom Phosphor offenbar durch Einsetzung in das folgende logische Gesetz gebildet:

Falls für alle x, wenn x A ist, x auch B ist – dann:
wenn a, b und c A sind, sind sie auch B.

Es folgt daraus, daß es nicht zwei Logiken, wohl aber zwei Methodologien gibt: die deduktive und die reduktive. Das Verhältnis der formalen Logik zu diesen ist asymmetrisch: für die Deduktion liefert die formale Logik nicht nur die erste Prämisse, sondern auch die Grundlage der Schlußregel; die Reduktion aber bedarf der Logik nur zur Bildung der ersten Prämisse, nicht der Schlußregel. In beiden Fällen handelt es sich aber um *dieselbe* Logik, wenn sie auch hier zu einem und dort zu einem andern Teil herangezogen wird. Eine induktive oder ‚reduktive' Logik gibt es nicht und erst recht nicht eine ‚Logik des Forschens' und der ‚Entdeckung'.

HISTORISCHE VORBEMERKUNGEN. Die Methodologie des mittelbaren Erkennens ist viel älter als jene des direkten Erkennens; sie scheint sogar älter zu sein als die formale Logik, denn bei den Vorsokratikern, Plato und dem jungen Aristoteles finden wir schon Ansätze dazu, aber noch keine eigentliche Logik. Aristoteles hat dann in seiner reifen Zeit nicht nur die erste Logik, sondern auch einige Grundgedanken der Methodologie des Schließens systematisch entwickelt, unter anderem den Gedanken des axiomatischen Systems. Es scheint, daß in der Antike solche Systeme vorzüglich in der Mathematik aufgebaut wurden, doch wissen wir, daß bei den Stoikern auch die logischen Regeln axiomatisiert waren. Dabei blieb es dann lange; die durch Aristoteles als Postulat für jede deduktive Wissenschaft aufgestellte Axiomatik blieb praktisch das Privileg der Mathematik. Auf diesem Gebiet schuf Euklid das Vorbild. Die Scholastiker und dann besonders die rationalistischen Philosophen des XVII. Jahrhunderts behaupteten zwar die Gültigkeit dieser Methode auch für die Philosophie; Spinoza wollte bekanntlich seine Ethik ‚more geometrico', d. h. axiomatisch ausbauen; aber sein Versuch ist jämmerlich mißlungen.

In der neuesten Zeit wurde jedoch die Anwendung dieser Methode beträchtlich ausgedehnt. Physische Theorien sind heute axiomatisiert. Die Logik selbst wird seit ihrer Mathematisierung gewöhnlich in axiomatisierter Gestalt dargestellt. Gleichzeitig wurden im XX. Jahrhundert zum ersten Male seit Aristoteles wieder ernste Studien über das axiomatische System selbst unternommen. Husserl führte die Unterscheidung des Gesetzes und der Regel (die schon den Stoikern bekannt war) wieder ein. Der scharfe moderne Begriff der Konsequenz wurde zuerst durch B. Bolzano, dann unabhängig von ihm durch A. Tarski formuliert. Diesem Logiker und R. Carnap verdanken wir die wichtigsten Einsichten in die Eigenschaften des axomatischen Systems.

EINTEILUNG. Wir müssen uns hier auf das Wesentlichste und Einfachste in dem weit ausgebauten Gebiet der Lehre von der Axiomatik beschränken. Zunächst folgen also einige allgemeine Angaben über den heutigen Stand der mathematischen Logik, anschließend besprechen wir die Axiomatik selbst in ihren Grundzügen. Da eine der wichtigsten Konsequenzen der Axiomatisierung die Begriffsbestimmung ist, wird ein Abschnitt über die wissenschaftliche Begriffsbildung und Definition folgen. Schließlich sollen noch einige Einzelheiten des axiomatischen Systems erörtert werden.

13. Das axiomatische System

VORBEGRIFF DES AXIOMATISCHEN SYSTEMS. Das Wort «Axiom» stammt vom griechischen ἀξιόω, das eine positive Bewertung, also insbesondere eine Anerkennung der Gültigkeit bedeutet. Bei Aristoteles (aber nicht bei den Stoikern) bedeutet «Axiom» immer eine Aussage, die als «Prinzip» (ἀρχή) für andere Aussagen dient, die aus diesem Prinzip abgeleitet werden. Danach stellt sich ein axiomatisches System ungefähr so dar: wir teilen alle Aussagen eines Gebietes in zwei Klassen ein: (1) die Klasse der Axiome und (2) die Klasse der abgeleiteten Aussagen; diese werden aus den Axiomen erschlossen, sie folgen aus ihnen. Ein klassisches Beispiel für ein derartiges axiomatisches System ist das geometrische System von Euklid.

Die neuzeitliche Methodologie der Deduktion weist folgende Abänderungen des alten Systems auf:

1. Das axiomatische System wird durchwegs formalistisch aufgebaut; es ist ein System von *Zeichen*. Die Deutung dieser Zeichen gehört nicht zum System.

2. Mit der Formalisierung sind alle Bedingungen, welche die

alte Axiomatik den Axiomen stellte – also Evidenz, Gewißheit, ontologische Priorität – hinfällig geworden. Ein Axiom unterscheidet sich von den anderen Aussagen des Systems *nur* dadurch, daß es im System nicht abgeleitet ist.

3. Die Axiome werden von den *Regeln* scharf unterschieden. Das neuzeitliche axiomatische System hat also zwei Arten von Prinzipien: die Axiome (die Gesetze sind) und die Regeln (die keine Gesetze, sondern Weisungen sind).

4. Durch den Formalismus und die Unterscheidung zwischen den Axiomen und den Regeln wurde der Begriff der Ableitung relativiert: man spricht nicht mehr von Ableitung oder Beweisbarkeit im allgemeinen, sondern immer nur in Bezug auf ein gegebenes System.

5. Neben dem axiomatischen System von Aussagen kennen wir heute ein ähnliches und eng mit ihm verbundenes axiomatisches System der Ausdrücke.

Aufbau des axiomatischen Systems von Aussagen. Bei der Bildung eines axiomatischen Systems geht man heute so vor:

Zuerst wird eine Klasse von Aussagen, die als Axiome fungieren sollen, gewählt; diese werden ohne Beweis in das System aufgenommen. Nebst den Axiomen werden Schlußregeln festgelegt, nach welchen man im System vorgehen soll. Vermittels dieser Regeln werden dann aus den Axiomen neue (abgeleitete) Aussagen erschlossen. Bei jedem Schritt wird genau angegeben, aus welchen Axiomen und mit Hilfe welcher Regeln man vorgeht, und zwar Schritt für Schritt. Weiterhin werden aus den abgeleiteten Aussagen (mit oder ohne Gebrauch der Axiome) kraft derselben Regeln und in derselben Weise neue Aussagen abgeleitet. So schreitet man weiter fort, solange man es für notwendig hält.

Es zeigt sich also, daß ein axiomatisches System durch seine Axiome und Regeln allein vollständig bestimmt ist. Alles andere ist nur Entwicklung des schon in ihnen Vorgegebenen.

Man sieht auch, daß, vom semantischen Standpunkt aus, ein axiomatisches System immer zwei Arten von Elementen enthält: die Axiome und die abgeleiteten Aussagen gehören zur Objekt-Sprache, die Regeln zur Metasprache. Nur die ersteren können (und sollen) formalisiert werden, denn würde man auch die Regeln formalisieren, d. h. von ihrem Sinn abstrahieren, dann könnte man nicht wissen, was sie besagen, und folglich sie nicht brauchen. Das bedeutet aber, daß es kein vollständig formalisiertes axiomatisches System gibt. Man nennt es indessen «vollständig formalisiert», wenn in ihm alles außer den Regeln formalistisch behandelt ist.

Es sei noch bemerkt, daß in letzter Zeit auch etwas anders geartete axiomatische Systeme aufgebaut wurden, nämlich solche, in denen es keine Axiome, sondern nur Regeln gibt, und ferner Systeme, in welchen aus den Grundregeln andere, abgeleitete Regeln deduziert werden. Diese Systeme sind aber nur für die Methodologie der Logik und für kein anderes Gebiet von Interesse.

FORDERUNGEN AN DAS AXIOMATISCHE SYSTEM. Nicht jedes axiomatische System gilt heute als richtig, auch wenn es streng formalisiert und exakt abgeleitet ist. Man stellt ihm nämlich immer mehrere Postulate, die sich in zwei Klassen einteilen lassen. Jene der ersten Klasse sollen als unbedingte, jene der zweiten als weniger strenge gelten.

(1) Man fordert, daß das axiomatische System *widerspruchsfrei* sei. Dieses Postulat hat schon Aristoteles aufgestellt, heute wird es aber noch viel schärfer formuliert und gilt noch unbedingter. Man verlangt nicht nur, daß sich tatsächlich kein Widerspruch aufzeigen lasse, sondern einen Beweis, daß ein Widerspruch im System überhaupt nicht vorkommen *kann*. Dieser Beweis, der mittels mehrerer Methoden erbracht werden kann, wird deshalb verlangt, weil die mathematische Logik zeigt, daß aus jedem Widerspruch *jede* Aussage des Gebietes ableitbar ist; das bedeutet aber, daß es dann keinen Unterschied mehr zwischen anerkannten (wahren) und nicht anerkannten (falschen) Aussagen gäbe, was jede Wissenschaft zunichte machte.

(2) Zur zweiten Gruppe gehört die Forderung der Vollständigkeit des Systems und der gegenseitigen Unabhängigkeit der Axiome. Man nennt ein System «vollständig», wenn aus seinen Axiomen alle wahren Aussagen des Gebietes ableitbar sind; unabhängig sind die Axiome, wenn keines von ihnen aus den anderen ableitbar ist. Dieses Postulat hat einen gewissen ästhetischen Zug. Tatsächlich scheinen in der heutigen Axiomatik ästhetische Gründe eine größere Rolle zu spielen als in früheren Zeiten. Man versucht z. B. auch, möglichst wenige, ja ein einziges Axiom zu finden, aus welchem alle entsprechenden Aussagen ableitbar wären, und will dieses Axiom möglichst einfach gestalten. Diese ästhetisierende Tendenz geht heute so weit, daß man oft der Einfachheit wegen

ein weniger einleuchtendes Axiom mehreren evidenten vorzieht.

Wir haben hier eine andere Forderung nicht genannt, die aber schon vorher berührt wurde, nämlich die der strengen Formalisierung. Diese Forderung wird allerdings nur von den mathematischen Logikern streng beachtet, die Mathematiker gehen gewöhnlich viel freier vor und häufig mittels der Intuition.

KONSTITUTIONSSYSTEM. Ein modernes axiomatisches System enthält nicht nur Axiome, Schlußregeln und abgeleitete Aussagen, sondern auch – und vor allem – ein sogenanntes Konstitutionssystem, das als ein axiomatisches System von Ausdrücken angesehen werden kann. Es wird ganz analog dem axiomatischen System der Aussagen aufgebaut, wie dieses enthält es drei Arten von Elementen und wird in folgender Weise entwickelt:

Zuerst wird eine Klasse von Ausdrücken, die als grundlegende fungieren sollen, bestimmt; sie werden ohne Definition in das System aufgenommen. Zudem werden gewisse Regeln festgelegt, nach welchen man im System neue atomare Ausdrücke einführen (Definitionsregeln) und zusammengesetzte Ausdrücke bilden kann (Formungsregeln). An Hand dieser Regeln werden neue Ausdrücke durch die Grundausdrücke definiert bzw. aus ihnen gebildet. Bei jedem Schritt wird genau angegeben, welche Grundausdrücke und Regeln gebraucht wurden. Aus den so definierten (bzw. durch Zusammensetzung gebildeten) Ausdrücken werden wiederum (mit oder ohne Gebrauch der grundlegenden Ausdrücke) neue Ausdrücke eingeführt. So schreitet man weiter fort, solange man es für notwendig hält. Der ganze Prozeß verläuft jenem, durch welchen ein System von Aussagen gebildet wird, genau parallel. Indessen ist klar, daß das Konstitutionssystem dem Aussagensystem zugrunde liegt, denn bevor man bestimmen kann, welche unter den Aussagen gültig sind, muß man schon wissen, welche Ausdrücke gelten sollen. Dies aber bestimmt durch seine Regeln das Konstitutionssystem.

Diese Regeln sind, genau genommen, dreifacher Art:

1. Die Regel, die bestimmt, welche Ausdrücke als grundlegend angenommen werden.

2. Die Definitionsregeln, die bestimmen, wie man neue atomare Ausdrücke einführen darf.

3. Die Formungsregeln, nach welchen man aus den schon im System enthaltenen Ausdrücken weitere (molekulare) Ausdrücke bilden darf.

Die letztgenannten Regeln wurden schon im Kapitel über die Syntax besprochen. Die Regel der ersten Art bedarf keiner besonderen Erörterung; hingegen sind jetzt einige Bemerkungen über die verschiedenen Arten der Definition angebracht. Da diese eng mit den methodologisch wichtigen Problemen der wissenschaftlichen Begriffsbildung zusammenhängt, besprechen wir sie in einem besonderen Kapitel.

PROGRESSIVE UND REGRESSIVE DEDUKTION. Von außen betrachtet scheint der Aufbau eines formalisierten axiomatischen Systems immer *progressiv* zu sein, d. h. daß man zuerst die Prinzipien (Axiome und Regeln) setzt und von ihnen zu den Folgerungen schreitet. In der Tat ist aber nicht jede Deduktion progressiv, sondern es sind zwei Arten des deduktiven Schließens zu unterscheiden: die progressive und die regressive Deduktion. Beide sind echte *Deduktionen*, d. h. daß dabei die Wahrheit der Prämissen schon bekannt ist, jene der Folgerungen erst gesucht wird. Man kann aber, unabhängig davon, entweder von den schon feststehenden Prämissen oder von dem noch zu beweisenden Schluß ausgehen. Ein Beispiel der regressiven Deduktion sind die euklidischen Beweisgänge: hier wird zuerst die zu beweisende Aussage aufgestellt, dann werden die zum Beweis notwendigen, schon früher anerkannten Gesetze angeführt. Das gewöhnliche Rechnen hingegen wird zumeist in einer progressiven Form durchgeführt: der Schlußsatz wird erst am Ende formuliert.

Sieht man sich um, welche der zwei Arten der Deduktion in der wissenschaftlichen Praxis häufiger ist, dann stellt man fest, daß in den meisten Fällen zuerst die Schlüsse aufgestellt werden und erst dann ihre Begründung gesucht, d. h. regressiv vorgegangen wird. Es ist z. B. wohlbekannt, daß große mathematische Entdeckungen sehr oft in dieser Form zustande kamen: der Entdecker stellte einen Satz auf, dessen Beweis erst viel später, obwohl aus schon längst bekannten Prämissen, erbracht wurde.

Daraus folgt aber nicht, daß in den zeitgenössischen deduktiven Wissenschaften die progressive Deduktion keine Rolle spiele. Im Gegenteil. Jede Berechnung ist offensichtlich, wie gesagt, eine progressive Deduktion.

Eine Bemerkung ist hier noch angebracht. Die Axiomatisierung selbst ist nicht nur in Bezug auf die genannten zwei Arten der Deduktion, sondern auch in Bezug auf die Deduktion und die Reduktion überhaupt neutral; man kann ebensowohl auf Grund früher anerkannter Axiome wie auch auf Grund früher anerkannter Folgerungen axiomatisieren. Wir behandeln diese Methode nur deshalb im Kapitel über die Deduktion, weil die Axiomatisierung eine Abstraktion aus dem lebendigen Vorgang der progressiven Deduktion ist und dessen Struktur wiedergibt.

14. Mathematische Logik

METHODOLOGISCHE BEDEUTUNG. Es kann nicht Aufgabe dieses Buches sein, auch einen Abriß der mathematischen Logik zu geben, denn diese Logik ist formale Logik, und hier handelt es sich um die Methodologie, die sich, wie schon mehrmals betont, von der formalen Logik unterscheidet. Indessen dürfte eine kurze Besprechung, wenn auch nicht eines Systems der mathematischen Logik, so doch einiger ihrer allgemeinen Kennzeichen, am Platze sein. Die mathematische Logik (wie übrigens jede formale Logik) kann nämlich unter einem zweifachen Gesichtspunkt betrachtet werden. Einerseits kann man sie als eine theoretische Wissenschaft betrachten, die ihren eigenen, rein theoretischen Problemen nachgeht. Als solche enthält sie unter anderm Untersuchungen zum kürzesten und alleinigen Axiom, aus welchem alle logischen Gesetze ableitbar sind, oder über den einzigen Funktor, mittels welchem alle Funktoren eines gewissen Gebietes der Logik definierbar sind. So betrachtet, ist die mathematische Logik eine Spezialwissenschaft, die uns hier nicht interessiert.

Anderseits liefert die formale Logik, wie schon bemerkt, die Grundlage für die deduktiven Schlußregeln und spielt in den wissenschaftlichen Gedankengängen auch sonst eine gewisse Rolle. Nun behaupten aber die Anhänger der mathematischen Logik, diese sei formale Logik, ja die einzige heute wissenschaftliche formale Logik. Von diesem Standpunkt aus darf also eine Betrachtung dieser Wissenschaft im Rahmen der deduktiven Methodologie nicht fehlen. Der mathematischen Logik kommt nicht nur eine rein theoretische, spekulative, sondern auch eine methodologische Bedeutung zu.

Tatsächlich übte in der letzten Zeit die mathematische Logik einen besonders großen Einfluß auf die Methodologie aus, und zwar aus zwei Gründen. Einmal war sie die erste Wissenschaft, für die eine exakte axiomatische Methode entwickelt wurde, und wenn diese Methode heute auch noch auf vielen anderen Gebieten angewandt wird, so spielt sie doch in der mathematischen Logik noch immer die wichtigste Rolle. Zudem ist die Struktur der heutigen mathematischen Logik (und zwar im Unterschied zu den früheren Formen der Logik) derartig, daß sie unmittelbar gewisse interessante, ja brennende methodologische Probleme stellt.

Es gibt daher heute nur wenige Methodologen der Deduktion, die nicht zugleich auch mathematische Logiker sind, und so ist auch hier in diesem kurzen Bericht einiges über die mathematische Logik zu sagen.

GESCHICHTE DER MATHEMATISCHEN LOGIK. Zum Verständnis der heutigen Lage auf diesem Gebiet werden einige Angaben über die Entwicklung der mathematischen Logik dienlich sein. Ihre Geschichte läßt sich in bestimmte Perioden einteilen. Gewöhnlich wird G. W. Leibniz (1646–1716) als erster mathematischer Logiker betrachtet oder doch jedenfalls als der Logiker, der zuerst einige mathematisch-logische Gedanken entwickelte. Diese blieben jedoch ohne Einfluß auf seine Zeitgenossen und unmittelbaren Nachfolger; erst um 1900 wurden sie wiederentdeckt. Die Geschichte dieser Wissenschaft beginnt eigentlich mit G. Boole (1815–1864) und A. de Morgan (1806–1878), die 1847 die ersten Werke dieser Art veröffentlichten. Ferner gehören noch die Arbeiten von Couturat (1868–1914) und anderen in diese erste Periode, die heute als vollständig überholt gelten kann. Am Ende des XIX. Jahrhunderts unternahmen dann aber mehrere bedeutende Logiker, vor allem G. Frege (1848–1925) und neben ihm G. Peano (1858–1932) und E. Schröder (1841–1902), den Ausbau einer neuen Gestalt der mathematischen Logik. Diese Ansätze fanden eine Fortführung und Erweiterung im gewaltigen Werk von A. N. Whitehead (1861–1947) und B. Russell (*1872) *Principia Mathematica* (1910–1913). Mit diesem Werk beginnt eine neue Periode der Forschung.

Die *Principia Mathematica* stellen im Wesentlichen nur eine formalistische Ausarbeitung und Erweiterung der aristotelisch-stoischen formalen Logik dar. Charakteristisch für die neueste, dritte Periode, die etwa mit 1920 beginnt, ist das Erscheinen von «heterodoxen» Systemen, die auf einer anderen, nicht-aristotelischen und nicht-stoischen Grundlage aufgebaut sind. Unter ihnen seien die mehrwertige Logik von J. Łukasiewicz (1921) und die Intuitionistische Logik von A. Heyting (1930) als die wichtigsten genannt. Gleichzeitig erscheinen verschiedene aristotelische, aber vom System der *Principia* abweichende Systeme, so jenes von Leśniewski (zwischen 1920-1935). Die neueste Entwicklung brachte eine Menge von sehr originellen Systemen, u. a. die sogenannten natürlichen Logiken (Konsequenzlogiken, die aus lauter Regeln bestehen) von Gentzen und Jaśkowski, sowie die kombinatorische Logik von H. Curry (1930) hervor.

WESENTLICHE ZÜGE DER MATHEMATISCHEN LOGIK. Durch viele Philosophen verschiedener Richtungen wurden über die mathematische Logik zahlreiche Mißverständnisse verbreitet. Man hat diese Wissenschaft mit der ganzen Logik (einschließlich der Methodologie und der Philosophie der Logik) gleichgesetzt; man hat sie mit einer philosophischen Richtung, nämlich dem Neupositivismus, identifiziert (obwohl weder die mathematische Logik noch ihre bedeutendsten Begründer irgend etwas mit dem Neupositivismus zu tun hatten); man hat gesagt, sie sei ein Versuch, alles auf Quantitäten zu reduzieren, während tatsächlich fast das Gegenteil der Fall ist (wenigstens Whitehead und Russell versuchten gerade, die Quantität wegzuerklären); und heute noch wird sie oft mit *einem* der vielen mathematisch-logischen Systeme verwechselt, ja sogar mit den philosophischen Ansichten gewisser mathematischer Logiker. Alle diese Mißverständnisse kommen daher, daß man den Sachverhalt nur oberflächlich oder gar nicht kennt.

Die mathematische Logik in ihrer heutigen Form ist etwas ganz anderes. Am besten kann man sie durch Abgrenzung von den andern Formen der formalen Logik – denn sie ist eine Art formaler Logik – kennzeichnen. Sie unterscheidet sich von ihnen dadurch, daß sie *erstens* axiomatisiert, *zweitens* formalisiert und *drittens* infolgedessen relativiert ist, in dem Sinne, daß sie viele sehr verschiedene Systeme enthält. Ein nebensächliches Kennzeichen (das man irrtümlicherweise oft als grundlegend ansieht) besteht darin, daß sie meistens in einer symbolischen Kunstsprache dargelegt wird; ein anderes, auch akzidentelles, aber doch wichtiges, Kennzeichen besteht darin, daß ihr Inhalt unvergleichlich reicher ist als der aller anderen Formen der formalen Logik. So enthält sie u. a. die ganze aristotelische Syllogistik, und zwar in einer sehr präzisen Form, die ganze Modallogik, die ganze stoische Konsequenzlehre und darüber hinaus tausende und abertausende anderer Gesetze.

Da wir im Vorhergehenden schon den Formalismus und die axiomatische Methode behandelt haben, brauchen wir hierüber nichts mehr zu sagen; wir bemerken nur, daß die Axiomatisierung und Formalisierung der mathematischen Logik heute als exemplarisch gelten und dieser auch deshalb eine große methodologische Bedeutung zukommt. Wer die axiomatische Methode erlernen will, der muß mathematisch-logische Abhandlungen studieren.

Indessen ist noch einiges über die Relativität der mathematisch-logischen Systeme zu sagen und sind auch noch einige in dieser Wissenschaft entwickelte Methoden, die eine gewisse Bedeutung für jedes deduktive Denken haben, kurz zu erörtern.

ANTEIL DER MATHEMATISCHEN LOGIK AM AUSSERLOGISCHEN AXIOMATISCHEN SYSTEM. Will man ein formalisiertes axiomatisches System auf irgendeinem Gebiet, z. B. in der Physik, Astronomie, Biologie oder Theologie, aufbauen, so kann man nicht umhin, die mathematische Logik zu gebrauchen. Und zwar kann dies auf zweierlei Weise geschehen. (1) Man kann das System so aufbauen, daß alle Axiome dem behandelten Gebiete angehören, d. h. also, daß man soweit noch keine Gesetze der Logik übernimmt. Aber um schließen zu können, muß man sich gewisser Schlußregeln bedienen, und zwar, wie die Praxis zeigt, in solchen Fällen ziemlich zahlreicher Schlußregeln. Woher wird der Wissenschaftler diese Schlußregeln nehmen? Offenbar aus der Logik. Diese liefert tatsächlich entweder fertige Schlußregeln (aus den sogenannten konsequenzlogischen Systemen) oder wenigstens Gesetze, die sich direkt in solche übersetzen lassen. (2) Man kann aber auch – und dies ist der gewöhnliche Fall – außer den speziellen Axiomen des Gebietes noch eine Anzahl aus der Logik entlehnter Gesetze voraussetzen. In diesem Falle bedarf es nur weniger Schlußregeln (oft genügen zwei oder drei), aber umso zahlreicher werden die logischen Axiome sein.

Aus dieser Sachlage entsteht, angesichts des heutigen Standes der mathematischen Logik, ein gewichtiges Problem: *welches* unter den zahlreichen Systemen dieser Logik soll als Grundlage der Axiomatisierung – im ersten oder zweiten Sinne – dienen? Dies ist ein ganz neues Problem. Die alte Methodologie kannte es nicht und konnte es auch nicht kennen, weil die ältere Logik – vor 1921 – nicht mehrere Systeme anbot. 1921 haben aber (gleichzeitig und unabhängig voneinander) J. Łukasiewicz und E. Post sogenannte mehrwertige Systeme der Logik aufgestellt, die sich in vielem von der ‚klassischen' Logik unterscheiden. Die Systeme von Łukasiewicz wurden dann streng axiomatisiert, ihre Widerspruchsfreiheit und Vollständigkeit bewiesen usw. Danach kam die sogenannte intuitionistische Logik von L. Brouwer auf; auch diese wurde 1930 durch A. Heyting streng axiomatisch formuliert. Heute haben wir Dutzende von verschiedenen Systemen zur Verfügung, und zwar ist der Unterschied zwischen ihnen recht groß. So gilt z. B. das *tertium non datur* (das Gesetz des ausgeschlossenen Dritten) weder in der dreiwertigen Logik von Lukasiewicz, noch in der Heytingschen intuitionistischen Logik, während es ein Gesetz der ‚klassischen' mathematischen Logik (etwa der *Principia Mathematica*) ist.

RELATIVITÄT DER LOGISCHEN GRUNDLAGE. Man könnte meinen, es handle sich hier um eine reine Spekulation der Logiker, die für die lebendige Wissenschaft belanglos sei. Doch ist dem nicht so. 1944 hat H. Reichenbach gezeigt, daß die Quantenmechanik sich auf Grund einer ‚klassischen' Logik (etwa jener der *Principia Mathematica*) nicht ohne Widerspruch axiomatisieren läßt, daß sie aber im Rahmen der dreiwertigen Logik von Łukasiewicz ohne weiteres und widerspruchsfrei axiomatisierbar ist. Die Relativierung der mathematisch-logischen Systeme ist zu einem Problem der Methodologie geworden. Um zu beweisen, muß man ein logisches System voraussetzen; nun gibt es aber viele solcher Systeme. Welches soll gewählt werden?

Die Antwort lautet: dasjenige, das am leichtesten ohne Widerspruch das Gebiet zu axiomatisieren erlaubt. Leitendes Prinzip ist einerseits die Vollständigkeit, anderseits die Widerspruchsfreiheit. Zudem spielen auch noch aesthetische Motive eine Rolle: je einfacher und eleganter die Beweise im Rahmen eines Systems durchzuführen und je weniger Axiome erforderlich sind, desto besser. Das ist die heutige Lage, wie sie von allen ernsten Methodologen der deduktiven Wissenschaften anerkannt ist.

Soviel über den methodologischen Gehalt der neuen Entdeckungen. Dazu noch eine philosophische Bemerkung. Allzuviele Denker haben aus dieser Sachlage voreilige philosophische Schlüsse im Sinne eines vollständigen Relativismus, ja Skeptizismus gezogen. Tatsächlich scheint aber kein Grund für solche pessimistischen Schlüsse vorhanden zu sein. Sieht man sich die Lage näher an, dann stellt man nämlich Folgendes fest:

(1) Die sogenannten «heterodoxen» Systeme der Logik werden nur auf solchen Gebieten angewandt, auf denen den Zeichen wahrscheinlich kein eidetischer Sinn zukommt. Wo immer die Wissen-

schaft mit eidetisch sinnvollen Zeichen operiert, zieht man die klassische Logik heran.

(2) Die zur Formalisierung der betreffenden Systeme gebrauchten metasprachlichen Regeln sind durch und durch ‚klassisch'. So z. B. anerkennt die dreiwertige Logik von Łukasiewicz das *tertium non datur* nicht, aber metasprachlich wird immer vorausgesetzt, daß jeder Aussage ein gewisser Wert zukommt oder nicht und daß eine dritte Möglichkeit nicht besteht. Es gibt wohl Systeme, in welchen das Widerspruchsprinzip nicht gilt, aber diese Systeme müssen selbst widerspruchsfrei aufgebaut werden, und jeder Logiker bemüht sich um den Beweis dieser Widerspruchsfreiheit.

(3) In den meisten der Fälle, in denen sich scheinbar widersprechende logische Systeme vorliegen, gibt es entweder keine Deutung für eines von ihnen oder haben die gebrauchten Zeichen nicht den gleichen Sinn im einen und im andern. So hat z. B. das Negationszeichen in der intuitionistischen Logik einen ganz anderen Sinn als im System der *Principia Mathematica*.

(4) Anderseits handelt es sich oft bei solchen Systemen um Ausschnitte aus dem gesamten Feld der logischen Gesetze. Es kann vorkommen, daß ein solcher Ausschnitt genügt und deshalb eine solche Teil-Logik gebraucht wird.

So kann ein nicht skeptisch eingestellter Philosoph die methodologische Lage auf diesem Gebiete beurteilen. Und wir fügen diese Beurteilung hier an, weil die meisten Wissenschafter ja keine Skeptiker sind. Ihr intuitiver Glaube an die absolute Gültigkeit der logischen Gesetze wird durch die neuere Entwicklung keineswegs bedroht. Nicht die Logik selbst, sondern philosophierende Methodologen proklamieren den Skeptizismus.

IMPLIKATION UND ABLEITBARKEIT. Unter den vielen Begriffen, die in der mathematischen Logik behandelt werden, spielt der Begriff der *Konsequenz* eine besonders wichtige Rolle. Er ist grundlegend für die Methodologie des indirekten Erkennens, da diese ihn immer voraussetzt. Nun unterscheidet man in der heutigen klassischen mathematischen Logik wenigstens *zwei* Konsequenzbegriffe. Die Implikation und die Ableitbarkeit. Die Implikation ist insofern ein absoluter Begriff, als sie ohne jede Beziehung auf ein axiomatisches System zwischen zwei Aussagen bestehen kann; die Ableitbarkeit hingegen muß immer in Bezug auf ein axiomatisches System gedacht werden.

Die Implikation besteht zwischen zwei Aussagen – dem Vordersatz *A* und dem Nachsatz *B*, genau dann, wenn entweder *A* falsch, oder (auch) *B* wahr ist. Es folgt aus dieser Definition, daß die Implikation nur in einem Falle nicht besteht, nämlich dann, wenn der Vordersatz (*A*) wahr, der Nachsatz (*B*) aber falsch ist; in allen anderen Fällen, was immer *A* und *B* sein mögen, ist die Implikation vorhanden. Insbesondere impliziert eine falsche Aussage jede Aussage und eine wahre Aussage wird durch jede Aussage impliziert. Als Beispiele lassen sich (wenn wir dem «wenn-dann» diesen Sinn geben wollen) anführen: «*Wenn 2+2 = 5, dann ist jeder Hund ein Fisch*»; «*wenn 2+2 = 5, dann hat ein gesunder Hund 4 Füße*»; «*wenn 2+2 = 4, dann ist 1 = 1*».

Dies ist, wird man wohl bemerken, eine recht merkwürdige Deutung des gewöhnlich gebrauchten «wenn-dann», und, was noch schlimmer ist, sie führt methodologisch zu Schwierigkeiten. Schon die Megariker (Diodorus Kronos) und dann die Scholastiker haben sie dadurch zu umgehen versucht, daß sie die Implikation vermittelst des (modalen) Funktors der Möglichkeit definierten: «Wenn *A*, dann *B*» sollte demnach soviel bedeuten wie «Es ist nicht möglich, daß *A* und nicht *B*». Dieselbe Definition wurde 1918 durch C. I. Lewis wieder aufgestellt. Indessen werden durch sie die Schwierigkeiten nicht behoben: denn falls man diese («strikt» genannte) Diodoreische bzw. Lewis'sche Definition gebraucht, ergibt sich freilich nicht der Satz, daß die Implikation zwischen jeder falschen und beliebigen wahren Aussage besteht – aber ein analoger: sie besteht jetzt zwischen jeder unmöglichen und jeder beliebigen anderen Aussage.

Die mathematische Logik liefert aber noch einen anderen ähnlichen Begriff, nämlich den der Ableitbarkeit. Man sagt, daß *B* von *A* im System *S* ableitbar ist genau dann, wenn *S* Axiome und Regeln enthält, die es erlauben, falls *A* in *S* ist, auch *B* in *S* zu haben. Den Unterschied zwischen Implikation und Ableitbarkeit möge das folgende einfache Beispiel veranschaulichen. Es sei der klassische Syllogismus:

(1) Alle Menschen sind sterblich.
(2) George Boole war ein Mensch.
(3) George Boole war sterblich.

Da hier (2) und (3) wahr sind, impliziert der Untersatz (2) den Schlußsatz (3). Aber aus (2) allein kann man (3) auf Grund einer gewöhnlichen Logik keineswegs ableiten. (3) läßt sich nur aus beiden früheren d. h. (1) und (2) ableiten. (3) ist also durch (2) wohl impliziert, aber aus (2) allein nicht ableitbar.

Offenbar kann man aus einer falschen Aussage, kraft ihrer Falschheit allein nichts ableiten; anderseits ist eine wahre Aussage, bloß dadurch, daß sie wahr ist, nicht aus jeder anderen Aussage ableitbar. Der Ableitbarkeitsbegriff steht also in gewisser Hinsicht dem gewöhnlichen Begriff der Konsequenz näher, als der Begriff der Implikation. Der gewöhnliche Konsequenzbegriff hat indessen doch einige Eigenschaften mit der Implikation gemein, er scheint überdies auch eine Kausalität im ontologischen Sinne einzuschließen. Ein strenges Verfahren erfordert deshalb, daß man die Implikation und die Ableitbarkeit genau und folgerichtig auseinanderhalte.

15. Definition und Begriffsbildung

GRUNDLEGENDE EINTEILUNG DER DEFINITIONEN. Das Wort «Definition» bezeichnet fast jede Antwort auf die Frage «was ist *x*?», wobei für «*x*» hier irgendein konstanter Ausdruck eingesetzt werden kann. Es liegt auf der Hand, daß diese Antworten so verschiedener Art sein können, daß das Wort «Definition» selbst vieldeutig ist. Die erste, schon von Aristoteles aufgestellte und heute noch geläufige Unterscheidung ist die der *realen* und der *nominalen* Definition; die reale Definition sagt, was ein *Ding* ist, die nominale bezieht sich nicht auf ein Ding, sondern auf ein *Zeichen*. Im XIX. Jahrhundert haben verschiedene Philosophen (u. a. Wundt) versucht, alle Definitionen auf nominale zurückzuführen; die zeitgenössische Methodologie unterscheidet aber beide Arten.

Zudem nimmt sie noch gewisse Unterscheidungen zwischen den nominalen Definitionen selbst vor. Diese können nämlich entweder *syntaktisch* oder *semantisch* sein. Im ersten Falle handelt es sich um eine bloße Regel, die erlaubt, ein Zeichen durch ein anderes (gewöhnlich kürzeres) zu ersetzen. Die semantische Definition hingegen bestimmt die Bedeutung des Zeichens. Sie wird wieder in zwei Gattungen untergeteilt, und zwar spricht man von *analytischen* oder lexikalischen und *synthetischen* oder sogenannten schöpferischen Definitionen. Durch eine analytische Definition wird einem Zeichen eine ihm schon irgendwo zukommende Bedeutung ausdrücklich zugeordnet; es handelt sich also um einen pragmatischen Begriff, der eine in einer Gruppe von Menschen bestehende Bedeutung des Zeichens voraussetzt. Die synthetische Definition hingegen legt dem Zeichen eine neue, willkürlich gewählte Bedeutung zu. Die ganze Einteilung kann (nach R. Robinson) in folgendem Schema dargestellt werden:

$$\text{Definition} \begin{cases} \text{reale} \\ \text{nominale} \begin{cases} \text{semantische} \begin{cases} \text{analytische} \\ \text{synthetische} \end{cases} \\ \text{syntaktische} \end{cases} \end{cases}$$

Dabei ist zu beachten, daß alles, was von einer syntaktischen Definition gilt, *a fortiori* auch von allen anderen Arten der Definition gilt, aber nicht umgekehrt. Anderseits sei bemerkt, daß eine syntaktische Definition zu einer semantischen wird, wenn das betreffende System eine Deutung erhält. Wir besprechen deshalb zuerst eingehender die syntaktische Definition.

ARTEN DER SYNTAKTISCHEN DEFINITIONEN. Man kann mindestens vier verschiedene Arten der syntaktischen – und also a fortiori auch der anderen – Definitionen unterscheiden: die direkten, die impliziten, die rekursiven und die axiomatischen Definitionen.

(1) *Direkte Definitionen*. Diese sind Regeln, laut welchen ein Ausdruck unmittelbar durch einen andern ersetzt werden kann, und zwar handelt es sich in den meisten Fällen um die Ersetzung eines längeren (molekularen) durch einen kürzeren (oft atomaren) Ausdruck. Durch eine solche Definition wird ein neuer Ausdruck in das System eingeführt. Fachtechnisch schreibt man in diesem Fall beide Ausdrücke – den neuen (das Definiendum) und den alten (das *Definiens*) – verbunden durch das Gleichheitszeichen, mit einem «*Df*» am Ende des Ausdruckes oder unter dem Gleichheitszeichen. So könnte z. B. in der Aussagenlogik von Łukasiewicz das Implikationszeichen «C» vermittels folgender Definition eingeführt werden:

$$C = AN \ Df.$$

(2) *Implizite Definitionen*. Diese sind nicht Regeln, sondern Gesetze, d. h. objektsprachliche Aussagen, die man folgendermaßen konstruiert: Links setzt man eine Aussage, die mehrere schon im System vorhandene Ausdrücke und zudem noch das Definiendum enthält; dann folgen die Worte «genau dann, wenn» und eine andere Aussage, die ausschließlich aus schon im System vorhandenen Ausdrücken besteht. Ein Beispiel einer solchen Definition wäre folgende Aussage: «Ein Mensch ist *heroisch* genau dann, wenn er Taten, welche 1. moralisch gut, 2. sehr schwierig und 3. mit größter Gefahr verbunden sind, vollbringt» – wobei alle Teile dieser Aussage, ausgenommen das Wort «heroisch», schon als bekannt gelten sollen.

(3) *Rekursive Definitionen*. Solche Definitionen bestehen aus einer Reihe von Aussagen, die so aufgebaut sind, daß jede folgende auf alle vorangehenden verweist und die Definition erst durch das Ganze gegeben ist. Dies wird am besten aus einem Beispiel verständlich; wir wählen die Definition des Ausdruckes «Aussage» in der schon genannten Aussagenlogik von Łukasiewicz:

1. Jeder Buchstabe der Form «*p*», «*q*» oder *r* ist eine Aussage; 2. ein Ausdruck, welcher aus dem Buchstaben der Form «*N*» und aus einer Aussage besteht, ist eine Aussage; 3. ein Ausdruck, der aus den Buchstaben der Form «*C*», «*D*», «*E*» oder «*K*» und aus zwei Aussagen besteht, ist eine Aussage.

Es ist hieraus ersichtlich, daß im System von Łukasiewicz etwa der Ausdruck

$$CCpqCNqNp$$

eine Aussage ist. Denn «*p*» und «*q*» sind Aussagen nach 1; deshalb sind auch «*Nq*» und «*Np*» Aussagen nach 2; daraus folgt, daß «*CNqNp*» eine Aussage ist (dieser Ausdruck besteht nämlich aus «*C*» und zwei Aussagen, «*Nq*» und «*Np*»), nach 3; nach demselben Teil der Definition ist «*Cpq*» eine Aussage; nun besteht aber das Ganze aus einem «*C*» (dem ersten) und zwei Aussagen (nämlich «*Cpq*» und «*CNqNp*»). Es ist nach 3. also eine Aussage.

(4) *Definitionen durch ein axiomatisches System*. Man spricht heute auch in solchen Fällen von Definitionen, in denen der (syntaktische) Sinn eines Ausdruckes durch eine Reihe von Aussagen teilweise bestimmt ist. Dies geschieht dann, wenn man eine gewisse Anzahl von Aussagen aufstellt, in welchen der zu definierende Ausdruck sich zusammen mit anderen Ausdrücken befindet. Solche Aussagen brauchen – im Gegensatz zur indirekten Definition – keine Äquivalenzen zu sein; sie können z. B. konditionale Sätze oder Disjunktionen usw. sein.

DEFINITION DURCH DAS AXIOMATISCHE SYSTEM. Die letzte der vier Arten von syntaktischen Definitionen hat eine große Bedeutung und verdient, etwas näher betrachtet zu werden. Es handelt sich dabei um eine Bestimmung des (syntaktischen) Sinnes eines Zeichens durch die Tatsache allein, daß dieses Zeichen in den Axiomen eines Systems erscheint. Diese Methode (die erstmals von C. Burali-Forti behandelt wurde) hat eine gewisse Ähnlichkeit mit der Berlitz-Methode des Sprachunterrichts. Nehmen wir ein unbekanntes Wort, es sei «TAR». Was es bedeuten soll, wird man allmählich verstehen, wenn die folgenden Axiome vorliegen: 1. TAR hat zwei Füße, 2. TAR spricht englisch, 3. TAR raucht Pfeife. Wäre nur 1 gegeben, dann könnte «TAR» auch ein Möbel bezeichnen; mit 1 und 2 bedeutet es sicher ein Lebewesen, es könnte aber auch ein Papagei sein; hat man aber alle drei Axiome, so weiß man, daß «TAR» nur einen Menschen bezeichnen kann. Dieses Beispiel bezieht sich auf den semantischen Sinn, es sollte aber klar sein, daß durch ein System von Axiomen auch der syntaktische Sinn bestimmt wird.

Die Tatsache, daß man durch ein System von Axiomen ein Zeichen definieren kann, hat ihr Gegenstück in der folgenden, sehr wichtigen Regel: *der Sinn eines Zeichens, das einem axiomatischen System einverleibt wurde, kann nicht mehr willkürlich geändert werden*. Und umgekehrt: ändert man das axiomatische System, so ändert man den Sinn aller Zeichen, die in ihm vorkommen. Man kann noch weiter gehen und behaupten, daß *die meisten Zeichen außerhalb eines axiomatischen Systems überhaupt keinen Sinn haben*.

Diese Regeln haben besonders in den sogenannten formalen Wissenschaften – in der Mathematik und Logik – eine ausschlaggebende Bedeutung. Es hat sich z. B. gezeigt, daß das schlichte Negationszeichen («nicht») ganz verschiedene Bedeutungen annehmen kann, je nach dem System, in welchem es gebraucht wird. Aber auch in anderen Wissenschaften spielen diese Regeln eine Rolle, denn es gibt keine Wissenschaft ohne eine Sprache, und jede Sprache ist ein (obwohl nicht immer präzis aufgebautes) axiomatisches System.

SEMANTISCHE DEFINITIONEN. Etwas ganz anderes als eine syntaktische Definition, d. h. als eine Abkürzungsregel, ist die semantische Definition; durch sie wird dem Zeichen ein Sinn beigelegt. Dies kann prinzipiell auf zweifache Weise zustande kommen. (1) Man kann das, was das Zeichen bedeutet, einem Andern ganz einfach mit dem Finger zeigen; wenn ich z. B. jemand den Sinn des deutschen Wortes «Kuh» erklären will, kann ich ihm die Kuh mit dem Finger zeigen und gleichzeitig das Wort aussprechen. Eine solche Handlung wird manchmal auch als Definition aufgefaßt, man spricht dann von einer «*apodeiktischen Definition*» (vom griechischen ἀποδείκνυμι = aufzeigen). (2) Es ist aber leicht einzusehen, daß diese Methode nur in seltenen Fällen anwendbar ist; schon die apodeiktische Definition der Adjektive und Verben bietet Schwierigkeiten, erst recht die von abstrakten Begriffen,

z. B. der logischen Konstanten «und», «wenn, dann» usw. In den allermeisten Fällen muß man sich also anderer Zeichen, deren Sinn schon bekannt ist, bedienen. Eine solche Definition, die *im engeren Sinne «semantisch»* heißen soll, besteht in der Aufstellung einer Zuordnungsregel zwischen zwei Zeichen, wobei das erste (Definiendum) als dem Sinn nach unbekannt, das zweite (Definiens) als verständlich gilt.

Wie kann nun eine solche semantische Definition aufgebaut werden? Man sieht leicht ein, daß sie genau so gebildet sein muß, wie die syntaktische Definition. Hier wie dort wird man daher direkte, implizite, rekursive und axiomatische Definitionen unterscheiden müssen. Vom Standpunkt der definitorischen Technik gibt es also keinen Unterschied zwischen den beiden Gattungen der Definition. Nur kann in Bezug auf die semantische Definition eine verwickeltere Lage vorkommen, dann nämlich, wenn man Übersetzungsregeln aus einer (unbekannten) in eine andere (bekannte) Sprache aufstellt, denn in diesem Falle muß man sich einer dritten (Meta-) Sprache bedienen. Zudem wird hier, im Gegensatz zu den rein syntaktischen Definitionen, eine Deutung der Systeme vorausgesetzt.

Die semantischen Definitionen werden in analytische und synthetische eingeteilt. Will man einen schon bestehenden Sinn des Zeichens bestimmen, so nimmt man eine analytische Definition vor; gibt man hingegen einem Zeichen einen neuen Sinn, so entsteht eine synthetische Definition.

Beide Arten können alle vier oben beschriebenen Formen annehmen. Zwar scheint zunächst jedenfalls die axiomatische Form der analytischen Definition nicht zu entsprechen, wird doch durch ein System von Axiomen einem Zeichen ein neuer Sinn gegeben. Dies ändert aber nichts an der Sache, denn der betreffende Sinn kann ein schon vorhandener sein.

Die heutigen Wissenschaften brauchen sehr oft synthetische Definitionen, sowohl deshalb, weil sie Begriffsbildungen benötigen, als auch deshalb, weil der geläufige Sinn der Worte in den meisten Fällen zu unscharf ist, um genau definiert werden zu können. Man versuche z. B. ein scheinbar so leicht verständliches Wort wie «Gemüse» zu definieren! Ein klassisches Beispiel für solche Schwierigkeiten ist der Begriff der logischen Folge, d. h. der Sinn von «wenn – dann». Es ist noch niemand gelungen, ihn analytisch zu definieren, und schon die antiken Stoiker mußten, um zu einer brauchbaren Definition zu gelangen, sich damit behelfen, daß sie dem entsprechenden Ausdruck einen neuen Sinn beilegten. Ein solches Vorgehen ist aber gefährlich, denn der übliche, unscharfe Sinn wird nur zu oft beim Gebrauch des Wortes vorschweben und Mißverständnisse und Irrtümer nahelegen. Weiter kommt man mit der Bildung von Kunstzeichen (etwa fachtechnischen Worten, wie in der Chemie und Anatomie) oder kürzeren Symbolen wie in der Mathematik.

REALE DEFINITION. Während für die Mathematiker und Logiker die nominalen Definitionen – der syntaktischen oder semantischen Art – besonders wichtig sind, befassen sich die Natur- und Geisteswissenschaftler nur nebenbei mit ihnen, insofern auch sie sich einer Sprache bedienen müssen. Ihr eigentliches Forschen aber zielt nicht auf die Erklärung der Bedeutung von Worten, sondern auf das Verständnis der Dinge ab. Dieses kommt zunächst so zustande, daß man Aussagen über diese Dinge aufstellt. Aber nicht alle wahren Aussagen haben in der Wissenschaft dieselbe Bedeutung; überall macht sich hier vielmehr das Bestreben geltend, von «oberflächlichen» zu «grundlegenden», ‚fundamentalen' Aussagen zu gelangen. Dies sind nun aber gerade die, wie man heute sagt, «realen Definitionen».

Sie unterscheiden sich untereinander in mehrfacher Hinsicht. R. Robinson wollte bis 12 verschiedene Bedeutungen des Ausdruckes «reale Definition» aufweisen, von denen aber mehrere offenbar zu der syntaktischen und semantischen Definition gehören. Indessen lassen sich jedenfalls folgende Begriffe u. a. auseinanderhalten:

1. Bestimmung des Wesens. Diese Art der Definition wird von den metaphysisch und phänomenologisch eingestellten Philosophen angestrebt.

2. Bestimmung der Ursache. Hierhin gehören u. a. die sogenannten genetischen Definitionen, mit denen man die Entstehung eines Gegenstandes beschreibt.

3. Analyse eines Sachverhaltes auf seine verschiedenen Aspekte und Teile hin.

4. Bestimmung der für ein Gebiet geltenden Gesetze. Diese Art der Definition ist dem logischen Produkt der wissenschaftlichen Gesetze des Gebietes äquivalent.

Die drei letztgenannten Arten der realen Definition kommen in den meisten Realwissenschaften vor; die erstgenannte wird hingegen ausdrücklich nur durch die Philosophen der metaphysischen und phänomenologischen Richtung gebraucht; vom Wesen pflegt man in den Naturwissenschaften nicht zu sprechen. Sieht man sich aber die naturwissenschaftliche Forschungsweise näher an, dann fällt oft so etwas wie ein Streben nach einer, freilich nicht erreichbaren, wesentlichen Definition auf. Die Forschung dringt nämlich immer «tiefer» in das Gefüge des Gegenstandes ein. So lautet z. B. die Antwort auf die Frage «was ist Licht?» heute anders als zur Zeit Newtons, und damals lautete sie anders als zur Zeit Galileis. Wie diese übrigens aussichtslose ‚Jagd' nach der wesentlichen Definition in den Naturwissenschaften methodisch durchgeführt wird, legen wir im Kapitel über die reduktive Methode dar, denn solche Definitionen sind Aussagen, die nur auf reduktivem Wege aufgestellt werden können.

16. Beispiel der Anwendung der axiomatischen Methode

Am Beispiel des Aussagenkalküls wird hier ein axiomatisches System erklärt. Die dabei verwandte Methode ist die strengste unter den bekannten. Es werden nur die Grundlagen (Definitionen, Axiome, Regeln usf.) und einige am Anfang stehende Beweise hier geboten.

AXIOMATISIERUNG DER HILBERT-ACKERMANNSCHEN AUSSAGENLOGIK.*

8.1. Grundterme, Definitions- und Bildungsregeln

8.11. Grundterme: D – dyadischer Funktor; p, q, r, s, – Aussagenvariablen.**

8.12. Definitionsregel: Man kann in das System einen neuen Term einführen, indem man eine Gruppe von Termen bildet, die «Definition» genannt wird und der Reihe nach aus folgenden Teilen besteht: (1) aus einem Ausdruck, der den neuen Term enthält, während alle anderen bereits Terme des Systems sind; (2) aus «=»; (3) aus einem Ausdruck, der ausschließlich aus Grundtermen oder bereits definierten Termen besteht.

---

* Aus: I. Bochenski – A. Menne: *Abriß der mathematischen Logik*. Ich bin Herrn Dr. Albert Menne für die Erlaubnis, diesen Text abzudrucken, sehr dankbar.

** Hier, wie auch in *8.13*, *8.33* und in den Erklärungen zu *8.51* – *8.52*, sollten die kursiv angeführten Buchstaben in Anführungszeichen stehen; da aber kein Mißverständnis möglich ist, wurden sie ausgelassen. (Vom Verfasser zugefügt).

8.13. Formungsregel: (1) eine Variable ist eine Aussage, (2) eine Gruppe von Termen, die aus *N* und einer darauf folgenden Aussage besteht, ist eine Aussage, (3) eine Gruppe, die aus *A, B, C, D, E, J* oder *K* und zwei darauf folgenden Aussagen besteht, ist eine Aussage.

8.2. Definition

8.21. $Np = Dpp$
8.22. $Apq = DNpNq$
8.23. $Cpq = ANpq$
8.24. $Kpq = NANpNq$
8.25. $Epq = KCpqCqp$
8.26. $Bpq = Cpq$
8.27. $Jpq = NEpq.$

8.3. Deduktionsregeln

8.31. Substitutionsregel: Eine Variable kann durch eine Aussage substituiert werden; dabei müssen alle isomorphen Variablen des betr. Ausdrucks durch die gleiche Aussage substituiert werden.

8.32. Regel der Substitution durch Definition: Ein Ausdruck in einer Aussage kann durch einen Ausdruck substituiert werden, der ihm definitionsgleich ist, ohne daß die anderen isomorphen Ausdrücke in der gleichen Aussage ebenfalls substituiert werden.

8.33. Abtrennungsregel: Wenn eine Aussage, die aus *C* und zwei Aussagen besteht, ein Gesetz des Systems ist und wenn eine Aussage, die der ersten der beiden Aussagen isomorph ist, ein Gesetz des Systems ist, dann ist auch jede Aussage, die der zweiten der beiden Aussagen isomorph ist, ein Gesetz des Systems.

8.4. Axiome

8.41. $CAppp$
8.42. $CpApq$
8.43. $CApqAqp$
8.44. $CCpqCArpArq$

8.5. Deduktion

$$8.44 \; r/Nr \times 8.23 \; p/r, q/p \times 8.23 \; p/r = 8.51$$
8.51. $CCpqCCrpCrq$

Erklärung: Das Beweiswegschema des Theorems *8.51* wird gelesen: «Nimm das Axiom *8.44*; substituiere darin *r* durch *Nr*;

wende darauf dann die Definition *8.32.* an, in der zuvor *p* durch *r* und *q* durch *p* zu substituieren ist; wende auf das so erhaltene nochmals die Definition *8.23.* an, nachdem darin *p* durch *r* substituiert worden ist; so erhält man das zu beweisende Theorem *8.51.*»

8.51 p/App, q/p, r/p = *C8.41 – C8.42 q/p – 8.52*

8.52. Cpp.

Erklärung: Nachdem man in *8.51.* die zunächst vorgeschriebenen 3 Substitutionen ausgeführt hat, erhält man den Ausdruck: *CCApppCCpAppCpp;*
dieser ist zusammengesetzt aus (1) *C*, (2) aus *CAppp*, d. h. einem Ausdruck, der mit *8.41.* isomorph ist, (3) aus *C*, (4) aus *CpApp*, das mit *8.42.* isomorph ist, nachdem darin *q* durch *p* substituiert wurde, (5) aus dem Theorem *Cpp*, das wir mit *8.52.* bezeichnen; es läßt sich aus dem hier beschriebenen Ausdruck erhalten durch eine zweifache Anwendung der Abtrennungsregel (*8.33.*).

8.52 × *8.23 q/p* = *8.53*

8.53. ANpp

8.43 p/Np, q/p = *C8.53 – 8.54*

8.54. ApNp

8.54 p/Np × *8.23 q/NNp* = *8.55*

8.55. CpNNp

8.44 p/Np, q/NNNp, r/p = *C8.55 p/Np, – C8.54 – 8.56*

8.56. ApNNNp

8.43 q/NNNp × *8.23 p/NNp, q/p* = *C8.56 – 8.57*

8.57. CNNpp

8.44 q/NNp, r/Nq = *C8.55 – 8.58*

8.58. CANqpANqNNp

8.51 p/ANqNNp, q/ANNpNq, r/ANqp = *C8.43 p/Nq, q/NNp – C8.58 – 8.59*

8.59. CANqpANNpNq

8.59 p/q, q/p × *8.23* × *8.23 p/Nq, q/Np* = *8.60*

8.60. CCpqCNqNp

8.41 p/Np × *8.23 q/Np* = *8.61*

8.61. CCpNpNp

8.51 p/Apq, q/Aqp, r/p = *C8.43 – C8.42 – 8.62*

8.62. CpAqp

8.62 q/Nq × *8.23 p/q, q/p* = *8.63*

8.63. CpCqp

8.63 q/Np = *8.64*

8.64. *CpCNpp*
  8.44 p/r, q/Apr, r/q = *C8.62 p/r, q/p* − *8.65*
8.65. *CAqrAqApr*
  8.44 p/Aqr, q/AqApr, r/p = *C8.65* − *8.66*
8.66. *CApAqrApAqApr*
  8.51 p/ApAqApr, q/AAqAprp, r/ApAqr = *C8.43 q/AqApr* − *C8.66* − *8.67*
8.67. *CApAqrAAqAprp*
  8.51 p/Apr, q/AqApr, r/p = *C8.62 p/Apr* − *C8.42 q/r* − *8.68*
8.68. *CpAqApr*
  8.44 q/AqApr, r/AqApr = *C8.68* − *8.69*
8.69. *CAAqAprpAAqAprAqApr*
  8.51 p/AAqAprAqApr, q/AqApr, r/AAqAprp = *C8.41 p/AqApr* − *C8.69* − *8.70*
8.70. *CAAqAprpAqApr*
  8.51 p/AAqAprp, q/AqApr, r/ApAqr = *C8.70* − *C8.67* − *8.71*
8.71. *CApAqrAqApr*
  8.44 p/Aqr, q/Arq, r/p = *C8.43 p/q, q/r* — *8.72*
8.72. *CApAqrApArq*
  8.51 p/ApArq, q/ArApq, r/ApAqr = *C8.71 q/r, r/q* − *C8.72* − *8.73*
8.73. *CApAqrArApq*
  8.51 p/ArApq, q/AApqr, r/ApAqr = *C8.43 p/r, q/Apq* − *C8.73* − *8.74*
8.74. *CApAqrAApqr*
  8.51 p/AqApr, q/AqArp, r/ApAqr = *C8.72 p/q, q/p* − *C8.71* − *8.75*
8.75. *CApAqrAqArp*
  8.51 p/ArApq, q/ArAqp, r/ApAqr = *C8.72 p/r, q/p, r/q* − *C8.73* − *8.76*
8.76. *CApAqrArAqp.*

V. DIE REDUKTIVEN METHODEN

17. Allgemeines

HISTORISCHE VORBEMERKUNGEN. Wie zu den meisten anderen Teilen der Logik hat auch zur Theorie der reduktiven Denkmethoden Aristoteles den Grund gelegt. Er interessierte sich zwar, jedenfalls in seiner Logik viel mehr für die Deduktion als für die Reduktion, aber er wandte in seiner wissenschaftlichen Praxis durchgehend die Induktion an und erörterte sie auch theoretisch in bemerkenswerter Weise. In ihrer modernen Form wurden die reduktiven Methoden von Francis Bacon eingeführt, dessen «tabulae» die ersten Versuche darstellen, die diesbezüglichen Regeln festzulegen. Zu Bacons Zeit und noch bis zur Hälfte des XIX. Jahrhundert verwechselte man aber in verhängnisvoller Weise immer wieder die formale Logik mit der Methodologie, so daß schließlich fast alle Methodologen meinten, es gelte eine «andere» und «bessere» Logik als die «deduktive» zu finden, nämlich die sogenannte «induktive» Logik.

Im XIX. Jahrhundert wurden dann bedeutende Untersuchungen auf diesem Gebiet besonders in England durchgeführt, unter anderen durch Herschel und J. St. Mill. Herschels Grundgedanken sind heute noch von Bedeutung. Das Aufkommen der mathematischen Logik ergab neue Gesichtspunkte und führte zu ausgedehnten Forschungen auf diesem Gebiet. Unter den letzten Veröffentlichungen seien jene von W. Kneale, R. G. Braithwaith und G. Wright genannt.

Ein besonders schwieriges und heute eifrig erforschtes Kapitel der reduktiven Methodologie bildet die Wahrscheinlichkeitslehre mit ihren Anwendungen. Für diese Forschungen war die Veröffentlichung von Lord M. Keynes Werk 1927 von maßgeblicher Bedeutung; ein anderes wichtiges Werk über die Anwendung der Wahrscheinlichkeitstheorie und die Reduktion ist das von R. Carnap (1951). Indessen ist dieser ganze Forschungsbereich bei weitem noch nicht so erhellt wie das der deduktiven Methodologie.

BEGRIFF UND EINTEILUNG DER REDUKTION. Den Grundunterschied zwischen der Deduktion und der Reduktion haben wir schon im Anschluß an J. Łukasiewicz aufgewiesen. Bei der Deduktion schließt man aus einer konditionalen Aussage und ihrem Vordersatz auf deren Nachsatz:

>wenn A, dann B
>nun aber A
>also B.

Bei der Reduktion hingegen schließt man umgekehrt aus einer konditionalen Aussage und ihrem Nachsatz auf den Vordersatz:

>wenn A, dann B
>nun aber B
>also A.

Wir wollen das schwierige Problem der Rechtfertigung eines solchen Verfahrens – das offenbar nicht schlüssig ist – augenblicklich außer acht lassen und uns nur mit der Einteilung der Reduktion kurz befassen. Es gibt zwei Möglichkeiten für diese Einteilung.

(a) Einmal kann man die Reduktion, genau wie die Deduktion, in eine progressive und eine regressive einteilen. Bei beiden ist der Nachsatz als richtig bekannt, nicht aber der Vordersatz; wenn man jedoch die Reduktion progressiv vornimmt, beginnt man mit dem, seinem Wahrheitswert nach, noch unbekannten Vordersatz und schreitet zum bekannten oder feststellbaren Nachsatz. Diese progressive Reduktion heißt «*Verifikation*». – Hingegen beginnt die regressive Reduktion mit dem bekannten Nachsatz und schreitet zum unbekannten Vordersatz. Die regressive Reduktion heißt «*Erklärung*». Man sieht, daß der vielgebrauchte Ausdruck «hypothetisch-deduktiv» gerade auf diese zwei Richtungen des reduktiven Verfahrens verweist: dieses ist hypothetisch, d. h. man bildet dabei erklärende Hypothesen (durch regressive Reduktion) und deduktiv, weil man dann aus diesen Hypothesen Nachsätze ableitet, die verifizierbar sind (progressive Reduktion). Allerdings wird hier der Ausdruck «deduktiv» in anderem Sinne gebraucht, als wir es tun.

(b) Eine andere Einteilung ergibt sich aus der Art des Vordersatzes: handelt es sich in ihm um eine Verallgemeinerung des Nachsatzes, dann nennt man eine solche Reduktion «*Induktion*»; ist das nicht der Fall, dann sprechen wir von einer *nicht-induktiven Reduktion*.

REGRESSIVE REDUKTION UND BEGRIFF DES ERKLÄRENS. Wir wollen uns zuerst mit der regressiven Reduktion befassen, weil sie den ersten Schritt in jedem reduktiven Verfahren bildet. Sie heißt, wie gesagt «Erklärung». Da dieses Wort vieldeutig ist, sollen zunächst seine verschiedenen Bedeutungen festgestellt werden.

Es kann sich einmal um die Erklärung des Sinnes eines *Zeichens* handeln. Dies geschieht vermittels einer Definition, von deren Methoden wir bereits im Abschnitt über die axiomatische Methode sprachen. Hier liegt keine Reduktion in unserem Sinne vor.

Die Erklärung kann sich aber auch auf eine ihrem Sinn nach schon bekannte *Aussage* – also auf einen objektiven Satz – beziehen. Dies ist die Erklärung, die uns hier interessiert. Sie besteht immer darin, daß man die betreffende Aussage aus einer anderen Aussage ableitet. Im allgemeinen heißt also «erklären» in diesem Sinne nichts anderes als ein axiomatisches System bilden, in welchem die zu erklärende Aussage abgeleitet ist. Indessen sind hier wiederum zwei Fälle möglich:

(a) Die erklärende(n) Aussage(n) ist (sind) schon als richtig bekannt.

(b) Sie ist (sind) ihrem Wahrheitswert nach noch nicht bekannt.

Im ersten Fall besteht die Denkarbeit bloß im Auffinden der Aussagen, die zum Erklären gebraucht werden; im zweiten Fall werden diese Aussagen erst durch die Erklärung gebildet. Die erste Art der Erklärung scheint u. a. in der Historiographie oft vorzukommen; man hat z. B. eine Aussage über die Reise einer Persönlichkeit und möchte wissen warum sie diese Reise unternommen hat; dafür zieht man eine andere, den Historikern schon als wahr bekannte, Aussage heran und zeigt, daß die Aussage über die zu erklärende Reise aus ihr ableitbar ist. Es handelt sich hier also eher um eine regressive Deduktion als um eine Reduktion. Hingegen ist die zweite Art Erklärung echt reduktiv.

Wir haben bisher nur von der Ableitbarkeit gesprochen, welche die minimale Bedingung jeder erklärenden Reduktion ist. Nicht jede Reduktion beruht aber auf rein logischen Beziehung zwischen der erklärten und der erklärenden Aussage. So spricht man auch von einer «kausalen» und einer «teleologischen» Erklärung, wenn zwischen den beiden Aussagen noch andere Beziehungen bestehen. Wir werden uns mit diesen Begriffen später befassen.

VERIFIKATION. Ist eine erklärende Aussage einmal reduktiv aufgestellt, dann schreitet man gewöhnlich zur sog. Verifikation, d. h. man versucht, sie zu bestätigen oder zu verwerfen, und zwar mittels der progressiven Reduktion. Dies geschieht folgendermaßen: aus der reduktiv aufgestellten Aussage leitet man, auf Grund eines axiomatischen Systems (welches gewöhnlich nicht rein logisch ist, sondern auch mehrere andere reduktiv gebildete Aussagen enthält) neue Aussagen ab, die im betreffenden Gebiet direkt verifizierbar sind, d. h., deren Wahrheitswert feststellbar ist. Danach werden die Operationen (etwa Experimente usw.) durchgeführt, die erforderlich sind, um diesen Wahrheitswert der abgeleiteten Aussagen festzustellen. Ergibt sich so, daß diese wahr sind, dann hat man damit eine Konfirmation der Aussage, aus welcher sie abgeleitet wurde, erhalten. Ergibt sich aber, daß sie falsch sind, dann spricht man von einer Falsifikation: Die Aussage wird in diesem Fall als falsch verworfen.

Hierbei zeigt sich eine auffallende Dissymmetrie. Die Falsifikation ist logisch gültig, die Konfirmation hingegen nie endgültig. Denn, wie schon gesagt, gilt der Schluß vom Nachsatz auf den Vordersatz logisch nicht; hingegen ist der Schluß von der Negation des Nachsatzes auf die Negation des Vordersatzes durch ein logisches Gesetz begründet und allgemeingültig. Man hat deshalb schon gesagt, die reduktiven Wissenschaften schritten eigentlich nicht durch positive, sondern durch negative Schritte fort, indem falsche Erklärungen nach und nach durch Falsifizierung ausgeschaltet werden.

Indessen ist die Dissymmetrie doch noch nicht so scharf, wie sie zunächst scheint. Denn in keiner Reduktion wird etwas aus *einer* einzigen, zu verfizierenden Aussage, sagen wir «A», sondern aus einer *Konjunktion* dieser Aussage mit anderen (etwa mit Theorien usw.), sagen wir «T», abgeleitet. Das Schema ist also nicht:

wenn A, dann B
nun aber nicht B
also nicht A

sondern:

wenn A und T, dann B
nun aber nicht B

woraus man aber nur schließen kann:

‚also entweder nicht A, oder auch nicht T.'

Man hat also theoretisch immer die Wahl zwischen der Verwerfung von «A» oder «T». Praktisch ist indessen jedoch «T» gewöhnlich eine so bedeutende Aussage, daß man sich eher für die Verwerfung von «A» entscheidet, und insofern besteht die genannte Dissymmetrie.

DIE REDUKTIVEN WISSENSCHAFTEN. Der Begriff der Reduktion erlaubt es, eine große Anzahl von Wissenschaften ihrer Methode nach in eine Klasse zusammenzufassen. Hierzu gehören zunächst die induktiven Wissenschaften. Eine wichtige, jedoch nicht die einzige Klasse dieser wiederum bilden die sog. empirischen Naturwissenschaften. Es ist nämlich bekannt, daß die Induktion (und zwar im echten Sinne) auch in gewissen Zweigen der Mathematik, so in der Theorie der Primzahlen, angewandt wird.

Eine andere Klasse bilden die sog. historischen Wissenschaften. Ohne den Begriff der Reduktion könnten sie eigentlich nirgends eingeordnet werden: deduktiv sind sie sicher nicht, induktiv aber ebensowenig, da sie ja keine allgemeinen Hypothesen und Theorien aufstellen. Das Rätsel löst sich, wenn man bemerkt, daß sie die Reduktion der nicht-induktiven Art gebrauchen. Dasselbe scheint bei einigen anderen Wissenschaften der Fall zu sein, so bei gewissen Gebieten der Geologie, der Astronomie (z. B. in der Selenologie) der Geographie usw.

Da unter allen diesen Klassen von Wissenschaften die der Naturwissenschaften am umfangreichsten ist und die dazu gehörenden Disziplinen auch eine viel besser ausgebildete Methodologie als alle anderen besitzen, beschreiben wir im Folgenden fast ausschließlich die Methoden, welche hier angewandt werden. Sie lassen sich gegenwärtig am besten als Beispiel der reduktiven Denkverfahren anführen.

18. Struktur der Naturwissenschaften

PROTOKOLLAUSSAGE. Die Naturwissenschaften bilden, wie gesagt, eine Unterklasse der sog. empirischen Wissenschaften, zu denen außerdem noch alle historischen Wissenschaften gehören. Die empirischen Wissenschaften sind dadurch gekennzeichnet, daß in allen ihren Aussagen über die Phänomene, d. h. Protokollaussagen, vorkommen, ja daß diese in gewissem Sinne die eigentliche Grundlage des ganzen Systems bilden. Stellen wir zunächst fest, welche Bedeutung den Ausdrücken «Phänomen» und «Protokollaussage» beigelegt wird.

Als Phänomen wird hier – im Gegensatz zum Sprachgebrauch der Phänomenologen – einfach ein sinnlich beobachtbares Ereignis bezeichnet. Umstritten ist nur, ob die betreffende Beobachtung ausschließlich durch äußerliche sinnliche Wahrnehmung (Sicht, Gehör, Tastsinn usw.) geschehen kann. In einer empirischen Wissenschaft, nämlich der Psychologie, lassen manche Forscher auch andere Beobachtungsmethoden zu (Introspektion). Dies ist aber eine Ausnahme; in den meisten Naturwissenschaften geschieht die Beobachtung ausschließlich äußerlich sinnlich; so wird der Fall eines Körpers, das Aufleuchten einer Lampe, die Erhöhung der Temperatur usw. als Phänomen angesehen, nicht aber ein Ereignis, wie der Fluß des elektrischen Stromes durch einen Draht (im Unterschied zu seinen beobachtbaren Folgen) oder eine Krankheit als solche (im Unterschied zu ihren Symptomen).

Aussagen, welche das Vorkommen von Phänomenen feststellen, heißen nun «Protokollaussagen», und zwar deshalb, weil sie im Protokoll des Laboratoriums, des Observatoriums, der Ausgrabung oder ähnlichen Beobachtungsberichten aufgeschrieben werden. Eine Protokollaussage enthält regelmäßig folgende Angaben: Zeitkoordinaten; Raumkoordinaten; Umstände; Beschreibung des Phänomens. In der Praxis enthält sie zudem noch den Namen des Beobachters. Ein einfaches Beispiel einer Protokollaussage ist die Notiz, welche die Krankenschwester von der Temperatur eines Patienten macht. Diese Notiz kann z. B. folgende Form haben: Bett Nr. 47 (Raumkoordinate) 3. 5. 1953, 17 Uhr 15 (Zeitkoordinate); H. Müller (Gegenstand); im Mund (Umstände); Temperatur: $38,7^0$ (Ereignis).

Protokollaussagen kommen auch in nicht-empirischen Wissenschaften vor, so z. B. in der philosophischen Kosmologie, sie werden aber in den Naturwissenschaften auf eine besondere Art und Weise gebraucht, auf die wir nun kurz eingehen.

FORTSCHRITT DER NATURWISSENSCHAFTEN. Schematisch und vereinfacht gesehen, entwickelt sich eine Naturwissenschaft etwa folgendermaßen: Ausgangspunkt bilden die *Protokollaussagen*. (Dies ist vereinfachend gesagt; tatsächlich führen oft zu den Protokollaussagen reduktiv aufgestellte Aussagen). Die Protokollaussagen bilden zunächst eine nicht-geordnete Klasse, die überdies die Tendenz hat, immer anzuwachsen, da die Forschung weiter geht und immer wieder neue Feststellungen macht. Diese Klasse der Protokollaussagen ist die erste Stufe im Gefüge einer Naturwissenschaft.

Die Protokollaussagen werden dann erklärt, und zwar, indem (gewöhnlich allgemeine) Aussagen aufgestellt werden, aus denen sie unter Berücksichtigung der bestehenden Theorien und auf Grund eines logischen Gesetzes ableitbar sind. Solange sie nicht verifiziert sind, heißen sie «*Hypothesen*». Nach der Verifikation werden sie zu naturwissenschaftlichen *Gesetzen*. So wird die zweite

Stufe der naturwissenschaftlichen Aussagen gebildet, nämlich eine Klasse von Hypothesen bzw. Gesetzen, welche direkt und reduktiv auf Grund der Protokollaussagen aufgestellt sind.

Danach geht man zu einer Erklärung der Gesetze selbst über. Dies geschieht, indem eine dritte Stufe von Aussagen gebildet werden, aus welchen die genannten Gesetze ableitbar sind. Wenn diese Aussagen genügend allgemein sind und viele Gesetze erklären, werden sie im allgemeinen «*Theorien*» genannt (die diesbezügliche methodologische Terminologie ist noch etwas schwankend). Der Vorgang, der zur Bildung der Theorien führt, ist, logisch gesehen, prinzipiell derselbe, wie jener, der zur Aufstellung der Gesetze führte; jedoch bestehen hier zwei Unterschiede:

(1) Die Gesetze sind (reduktiv) *direkt* auf Grund von Protokollaussagen aufgestellt – die Theorien dagegen *indirekt;* sie gründen (reduktiv) unmittelbar auf den Gesetzen.

(2) Die Gesetze sind *Verallgemeinerungen* der Protokollaussagen, d. h. sie enthalten keine außerlogische Ausdrücke, die nicht schon in den Protokollaussagen vorhanden sind; dagegen enthalten die Theorien in der Regel neue, in den Gesetzen, auf welche sie gründen, *nicht vorhandene ‚theoretischen' Ausdrücke* (wie «Neutron», «Inflation», «unbewußt» usw.). Sie sind also *keine bloße Verallgemeinerungen* der Gesetze.

Danach können wiederum die Theorien erklärt werden, so daß das logische Gebäude einer Naturwissenschaft vielstufig wird. Der Einfachheit wegen betrachten wir hier nur drei Stufen: Protokollaussagen, Gesetze und Theorien.

Es kommt in der Entwicklung der Naturwissenschaften regelmäßig vor, daß die Beobachtung immer neue Protokollsätze liefert und die Erklärung demgemäß immer neue Gesetze bildet. Gewöhnlich ‚deckt' eine früher aufgestellte Theorie zuerst diese neuen Gesetze, d. h. erlaubt sie abzuleiten. Nach einiger Zeit aber genügt sie nicht mehr. Dann wird sie zunächst gewöhnlich etwas verbessert und abgeändert, so daß sie die neuen Gesetze wieder zu decken vermag. Früher oder später kommt aber der Moment, da man sie überhaupt nicht mehr zur Erklärung aller neuen Gesetze heranziehen kann. Trotzdem toleriert man sie noch, solange sie immerhin viele Gesetze zu erklären vermag. Schließlich wird sie aber doch so kompliziert und ungenügend, daß man sie aufgibt, höchstens noch für einen Grenzfall als gültig betrachtet, aber im übrigen nach einer neuen Theorie sucht. Damit beginnt der ganze Prozeß von neuem. Weder in der bisherigen Geschichte der

Naturwissenschaften noch in der logischen Analyse ihrer Struktur läßt sich irgend ein Grund für die Annahme finden, daß dieser Prozeß einmal zu Ende kommen soll.

VERIFIKATION. In dieser Skizze wurde ein wichtiger Faktor zwar schon genannt, aber noch nicht näher erörtert, nämlich die Verifikation der Hypothesen. Im Aufbau der Naturwissenschaften werden Erklärung und Verifikation wechselweise angewandt. Nachdem man die Hypothese, die zur Erklärung der Protokollaussagen dienen soll, gebildet hat, werden aus dieser Hypothese noch nicht bestehende Protokollaussagen abgeleitet, d. h. Aussagen, die wohl die Form der Protokollaussagen haben und deren Wahrheitswert auch technisch feststellbar ist, aber bis dahin noch nicht festgestellt wurde. Man führt nun die zu ihrer Feststellung notwendigen Operationen durch, d. h. man nimmt die einschlägigen Experimente, oder sonstigen Beobachtungen vor, um eine Konfirmation bzw. Falsifikation zu erhalten. Erweisen sich die aus der Hypothese abgeleiteten Aussagen als wahr, dann gilt die Hypothese als bestätigt und wird unter Umständen zum Gesetz. Stellt man aber fest, daß die Aussagen falsch sind, dann ist die Hypothese falsifiziert und soll – unter dem oben genannten Vorbehalt – verworfen werden. Im allgemeinen gilt als Regel, daß eine Hypothese erst dann zum Gesetz wird, wenn sie (1) in mehreren Fällen durch die Verifikation bestätigt und (2) in keinem Fall falsifiziert wurde.

Aus dem Gesagten ist ersichtlich, daß die Hypothesen für die Leitung der Beobachtung und also für die Bildung der Protokollaussagen sehr wichtig sind. Ohne sie würde man in den meisten Fällen nicht wissen, was man eigentlich sucht; sie geben der Beobachtung eine bestimmte Richtung. Sie sind also die Grundlage jeder Art von Experimenten. Ein Experimentieren ohne eine leitende Hypothese ist nicht denkbar.

ERFAHRUNG UND DENKEN. Einige weitere Bemerkungen über die Struktur der empirischen Wissenschaften, wie wir sie hier skizzierten, dürften zur Klärung der methologischen Lage beitragen.

(1) Man pflegt mit Recht zu sagen, daß die Erfahrung die Grundlage des ganzen Systems dieser Wissenschaften bilde. Genauer gesagt: Die Protokollaussagen entscheiden über die Zu-

lässigkeit anderer Elemente des Systems in diesen Disziplinen. Was mit den Protokollaussagen in Widerspruch steht, muß fallen gelassen, was für die Erklärung dieser Aussagen dienlich ist, angenommen werden. Diese Regel ist es, die den empirischen Charakter dieser Wissenschaften bestimmt.

(2) Daraus folgt aber keineswegs, daß eine ‚rein empirische' Wissenschaft in dem Sinne möglich wäre, daß sie ausschließlich aus Protokollaussagen bestünde. Das wäre keine Wissenschaft, sondern eine ungeordnete Klasse von Aussagen. Es trifft nicht einmal zu, daß in einer empirischen Wissenschaft außer den Protokollaussagen nur deren Verallgemeinerungen vorkommen können. Die Theorien enthalten nämlich, wie gesagt, regelmäßig Ausdrücke, die in den Protokollaussagen gar nicht vorkommen und daher unmöglich Verallgemeinerungen dieser Aussagen sein können. Jede Wissenschaft besteht aus zwei Arten von Aussagen: Protokollaussagen, die direkt auf der Erfahrung gründen und Hypothesen, Gesetzen, Theorien usw., also Aussagen, die durch das Denken zustande kommen, und zwar vermittels der Reduktion. Letztgenannte wollen wir die «theoretischen Elemente» der Wissenschaft nennen.

(3) Der Ausdruck «Grundlage» ist in Bezug auf alle reduktive Wissenschaften zweideutig. Logisch gesehen, ist eine Wissenschaft ein axiomatisches System, in welchem gerade die abstraktesten, am weitesten von der Erfahrung entfernten Theorien die ‚Grundlage', d. h. die Axiome bilden, die Protokollaussagen aber die letzten Konsequenzen dieser Theorien sind. Erkenntnistheoretisch betrachtet, stehen jedoch die Protokollaussagen am Anfang und auf Grund dieser Aussagen werden (reduktiv) die theoretischen Elemente und schließlich die abstraktesten Theorien gebildet. Bildlich könnte man sagen, daß eine reduktive Wissenschaft ein ‚auf dem Kopf' stehendes axiomatisches System ist.

(4) Aber auch erkenntnistheoretisch sind die Gesetze und Theorien nicht ohne Belang. Es wäre eine Naivität zu meinen, daß der Naturwissenschaftler ein gut verifiziertes Gesetz preisgibt, wenn er ein oder zwei ihm widersprechende Protokollaussagen findet, oder gar, daß er eine große, viele Gebiete deckende Theorie verläßt, wenn sie ein paar neue Gesetze nicht mehr deckt. Es zeigt sich also, daß erkenntnistheoretisch die Protokollaussagen zwar die wichtigsten, aber nicht die alleinige Grundlage des Systems sind. Auch die theoretischen Elemente spielen eine gewichtige, obwohl sekundäre Rolle.

SCHEMATISCHE DARSTELLUNG. Zwei Schemata und ein ganz einfaches Beispiel sollen die vorangehende Beschreibung der Struktur der empirischen Wissenschaften noch verdeutlichen. Das erste Schema soll den psychologischen Vorgang darstellen, wobei die Pfeile die Richtung anzeigen, in welcher sich das Denken bewegt, nicht die logische Ableitbarkeit. Die Denkbewegung geht von P^1_1 und P^1_2 zu H_1 (regressive Reduktion, Hypothesenbildung), dann von H_1 zu P^1_3 (Verifikation); dasselbe gilt von H_2 in Hinblick auf P^2_1, P^2_2 und P^2_3 aus weiter. Die Theorie T_1 erreicht man regressiv von H_1 und H_2; dann leitet man von T_1 (mit den einschlägigen Hilfstheorien usw.) H_3 ab und daraus P^3_1, welches die verifizierende Protokollaussage ist.

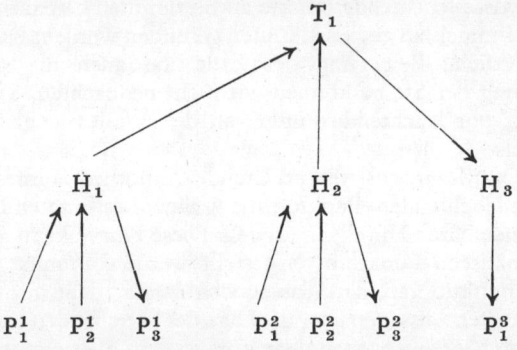

Das zweite Schema soll die logische Struktur der fertigen Theorie darstellen; hier sind alle Pfeile nach unten gerichtet, denn sie bezeichnen die Beziehungen der logischen Ableitbarkeit. So werden H_1, H_2 und H_3 aus der Theorie T_1 abgeleitet, dann aus H_1, H_2 und H_3 die entsprechenden Protokollaussagen.

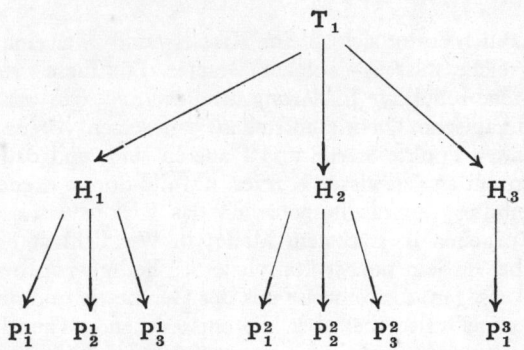

Der Vergleich beider Zeichnungen zeigt, warum wir die Naturwissenschaft ein «auf dem Kopf» stehendes axiomatisches System genannt haben.

KOPERNIKANISCHE THEORIE. Die vorangehenden Beschreibungen und Schemata sollen nun durch ein altes, aber erst im Lichte der heutigen Methodologie ganz verständliches Beispiel veranschaulicht werden, nämlich durch eine schematische Darstellung der Kopernikanischen Theorie des Sonnensystems. Fragen wir zunächst, was als erkenntnistheoretische Grundlage dieser Theorie gegeben ist, so ergibt sich: Protokollaussagen, welche besagen, daß gewisse leuchtende Punkte an bestimmten Orten des scheinbaren Himmels zu gewissen Zeiten gefunden werden. Das ist alles. Die wirkliche Bewegung der Erde und auch die scheinbare Bewegung der Sterne können wir nicht beobachten. Sehen können wir nur leuchtende Punkte an dieser oder jener Stelle des Himmels.

Nun wird zunächst die erklärende Hypothese aufgestellt, daß sich die leuchtenden Punkte entlang einer bestimmten Kurve auf dem scheinbaren Himmel bewegen. Diese Kurve kann durch eine mathematische Funktion dargestellt werden. Nimmt man eine solche Funktion an, dann lassen sich daraus nicht nur die schon festgestellten Aussagen über die Lage des betreffenden leuchtenden Punktes ableiten, sondern auch Voraussagen über die Lage desselben Punktes zu anderen Zeiten. Wir beobachten den entsprechenden Sektor des Himmels zu der durch Ableitung (Rechnung) gefundenen Zeit und stellen fest, daß der in Frage stehende Punkt sich tatsächlich dort befindet, wo er sich, der Ableitung nach, befinden sollte. Die Hypothese ist damit verifiziert, sie wird zum Gesetz.

Allmählich ergibt sich so eine Klasse – und zwar eine ziemlich umfangreiche Klasse – solcher Gesetze. Für diese erfolgt nun wieder eine reduktive Erklärung, und zwar so, daß wir eben die Kopernikanische Theorie aufstellen: wir setzen voraus, daß die leuchtenden Punkte Sterne und Planeten sind, und daß sich die Planeten entlang gewisser Kurven um die Sonne drehen. Diese Beschreibung vereinfacht natürlich das wirkliche wissenschaftliche Vorgehen in stärkstem Maße; in Wirklichkeit handelt es sich dabei um ein höchst kompliziertes Gefüge von mathematischen Aussagen, die teilweise aus der Geometrie und der Physik stammen, teilweise aber eben die entsprechende Theorie bilden.

Aus diesem Komplex werden nun rechnerisch alle bereits festgestellten Gesetze abgeleitet und überdies auch bis jetzt noch nicht aufgestellte Gesetze; und aus den Gesetzen wieder feststellbare Protokollaussagen über Vorgänge am Himmel. Wenn nun diese Aussagen dann mit der Beobachtung übereinstimmen, ist die Theorie verifiziert. Sie wird jetzt formalisiert und erscheint als ein gewaltiges axiomatisches System, in dem die Kopernikanische Theorie mitsamt den genannten, mathematischen und physikalischen Theorien die Axiome bildet, die Protokollaussagen aber aus diesen abgeleitet werden.

BEISPIELE DER VERIFIKATION. Das ausgeführte Beispiel läßt sich mit Bezug auf die neuere wissenschaftliche Entwicklung noch erweitern und erlaubt dann folgende Feststellung.

Unter den mathematisch-physikalischen Theorien, die zur Ableitung der astronomischen Gesetze im Kopernikanischen System dienten, findet sich auch die Newtonsche Gravitationstheorie. Dieser hat bekanntlich Einstein im Jahre 1915 eine andere Theorie gegenüber gestellt, die einmal den großen Vorteil hatte, weit einfacher zu sein (sie führt die Gravitation auf rein geometrische Eigenschaften zurück) und wir werden noch sehen, wie wichtig dieser Vorteil größerer Einfachheit ist. Zudem aber – und dies interessiert uns hier zunächst – konnte die Einsteinsche Theorie durch Protokollaussagen verifiziert werden. Für die Ablenkung der Lichtstrahlen durch die Masse der Sonne ergab sich aus dieser Theorie ein etwa zweimal so großer Wert, wie aus den älteren Lehren. Am 29. Mai 1919 gab es nun eine Sonnenfinsternis, während welcher zwei Expeditionen (u. a. eine nach Principe im Golf von Guinea, unter Eddington und Cottingham) das Phänomen unter besonders günstigen Umständen beobachten konnten. Die Ergebnisse entsprachen vollständig den aus der Einstein'schen Theorie abgeleiteten Aussagen.

Ein anderes klassisches Beispiel ist das berühmte Experiment von Michelson-Morley (1887). Es handelt sich dabei um die Verifikation der damals geltenden Theorie von Stokes und Kelvin, nach welcher es einen Äther gäbe, der als Vehikel für die Lichtstrahlen diente. Aus dieser Theorie folgerten Michelson und Morley, daß, da die Erde sich in Bewegung befindet, es einen ‚Äther-Wind' geben müßte und daraus folgte weiter, daß die Lichtgeschwindigkeit verschieden sein müsse je nach ihrer Richtung zu diesem ‚Ätherwind'. In Cleveland (Ohio) wurde nun ein Experiment mit komplizierten Apparaten durchgeführt, aus dem sich schließlich ergab, daß *kein* Unterschied der Lichtgeschwindigkeit feststellbar ist. Die Theorie wurde damit falsifiziert.

Das Interessanteste dabei ist, daß man die Theorie nicht sogleich verwarf, sondern durch verschiedene Hilfstheorien zu retten versuchte. Michelson und Morley selbst meinten, der Äther bewege sich mit der Erde. Im Jahre 1895 stellte Fitzgerald die Hilfstheorie auf, das Ausmaß der Apparate ändere sich mit der Änderung der Richtung und deshalb könnte kein Unterschied beobachtet werden. Erst die Einstein'sche Theorie ermöglichte es, die neue Protokollaussage ganz zu erklären.

19. Die Arten der erklärenden Aussage

EINLEITUNG. Die allgemeine Struktur der reduktiven Wissenschaften ist viel komplizierter, als die der deduktiven. Wir sahen schon, daß man in den Naturwissenschaften wenigstens drei Arten von Aussagen unterscheiden muß: die Protokollaussagen, die Hypothesen (bzw. Gesetze) und die Theorien. Dazu kommt aber noch, daß, mit Ausnahme der Protokollaussagen, alle Aussagen eines reduktiven Systems in verschiedene Klassen eingeteilt werden können. In dieser Beziehung erscheint heute die ältere Methodologie sehr unzulänglich. Sie weist eine weitverbreitete Tendenz auf, alle diese Aussagen auf einen einzigen Typus zurückzuführen. So meinte man z. B. vielfach, daß jede reduktive, bzw. induktive Erklärung immer durch Aufstellung der sog. kausalen Gesetze zustande käme; andere wiederum behaupteten, jede Erklärung bestehe im Auffinden der Bedingungen. Auch heute noch zeigen sich nicht selten ähnliche monistische Tendenzen, wenn auch meistens anerkannt wird, daß sich in den reduktiven Wissenschaften (und auch in der engeren Klasse der Naturwissenschaften) verschiedene Arten von Gesetzen und Theorien finden und damit auch verschiedene Arten der Erklärung.

Da die Unterscheidung verschiedener Arten von erklärenden Aussagen für das Verständnis des reduktiven bzw. induktiven Verfahrens selbst von Belang ist, wollen wir hier die wichtigsten dieser Aussagen kurz beschreiben, und zwar in Anlehnung an die heutigen Ansichten.

Man unterscheidet heute:
(a) kausale und teleologische Erklärungen,
(b) Konkomitanzgesetze und funktionale Gesetze,
(c) unbedingte und statistische Gesetze.

Die Bedingungen und ihre Arten. Ganz allgemein kann man sagen, daß die reduktiv-erklärenden Aussagen immer *wenigstens* eine Bedingung des zu erklärenden Phänomens feststellen. Damit ist nicht gesagt, daß dies in allen Wissenschaften genüge, sondern nur, daß gleich welchen Typus der Erklärung man auch wählen möge, dieser immer *auch* die Erklärung durch Bedingungen einschließe. Falls man z. B. eine teleologische Erklärung aufstellt und sagt, A sei B, weil dies dazu führt, daß A auch C sei, hat man nicht nur das Ziel des A-B-Seins, sondern auch die Bedingung dieser Tatsache angegeben.

Die Bedingungen werden in genügende, notwendige und genügende-und-notwendige eingeteilt.

(1) *Genügende Bedingungen*. Wir sagen, daß A eine genügende Bedingung von B ist, genau dann, wenn die Aussage «falls A, dann auch B» gilt. Es genügt nämlich in diesem Fall, daß A gegeben sei, damit auch B gegeben sei.

(2) *Notwendige Bedingungen*. Wir sagen, daß A eine notwendige Bedingung von B ist, genau dann, wenn die (umgekehrte) Aussage gilt: «wenn B, dann auch A». Denn wäre A nicht gegeben, dann könnte auch B nicht vorkommen; A ist also hier die notwendige Bedingung von B.

(3) *Genügende – und – notwendige Bedingungen*. Wir sagen, daß A eine genügende und notwendige Bedingung von B ist, genau dann, wenn beide oben genannten Aussagen gelten, d. h. «A dann und nur dann, wenn B», oder kürzer: «A genau dann, wenn B».

Es scheint, daß alle Wissenschaften letzten Endes die Formulierung von genügenden – und – notwendigen Bedingungen anstreben. Tatsächlich trifft dies z. B. in der klassischen Physik zu. In vielen Fällen muß man sich jedoch mit einer anderen Art der Bedingung begnügen.

Für die ersten zwei Arten der Bedingungen bietet jede wissenschaftliche Klassifikation ein anschauliches Beispiel. Diese beruht nämlich, wie leicht ersichtlich, auf einer Reihe von Gesetzen, den sog. Konkomitanzgesetzen. Sagen wir z. B., daß alle Säugetiere auch Wirbeltiere sind, so liegt in dieser Aussage ein Konkomitanzgesetz, nach welchem eine notwendige Bedingung des Säugetier-seins festgestellt wird, nämlich das Wirbeltier-sein. Gleichzeitig wird aber auch eine genügende Bedingung des Wirbeltierseins festgestellt, nämlich das Säugetier-sein, denn es genügt für ein Lebewesen, ein Säugetier zu sein, damit es auch ein Wirbeltier sei.

Ein Beispiel für die dritte Art der Bedingungen liefern viele chemischen Gesetze, denen zufolge eine gegebene Substanz diese oder jene Eigenschaft besitzt, z. B. ein spezifisches Gewicht.

Es steht heute für die Methodologen außer Zweifel, daß in den Naturwissenschaften viele Erklärungen die Form solcher Aussagen annehmen. Diese sind offenbar keine kausalen Gesetze, denn man erklärt das Phänomen nicht durch eine Ursache, sondern durch etwas aus dem Gebiet der Form (im Aristotelischen Sinne des Wortes).

KAUSALE UND TELEOLOGISCHE ERKLÄRUNG. Wir bemerkten schon, daß in vielen Wissenschaften die Erklärung durch bloße Bedingungen allein nicht genügte; vorherrschend ist vielmehr oft die kausale Erklärung, die darin besteht, daß man die Ursache des Phänomens angibt. Es sind indessen zwei verschiedene Begriffe der Ursache zu unterscheiden.

(1) *Ontologischer Begriff*. Dieser Begriff kann ungefähr folgendermaßen beschrieben werden: Das Vorkommen von A ist die Ursache des Vorkommens von B genau dann, wenn A unter den gegebenen Umständen das Zustandekommen von B bewirkt. A erscheint hier als ein Agens, welches auf B einen Einfluß ausübt, und zwar derart, daß es B das Sein verleiht.

Unter dem Einfluß von Hume und seinen Nachfolgern behaupten viele Methodologen kategorisch, daß dieser Begriff der Ursache jedenfalls in den Naturwissenschaften nie vorkommt. Es läßt sich jedoch kaum leugnen, daß sehr viele Naturwissenschaftler (nicht nur die Psychologen und Historiker) sehr oft an eine solche Ursache in ihren Erklärungen denken. So z. B. die Geologen, welche die Entstehung von Bergen ganz eindeutig als durch geotektonische Faktoren verursacht, und zwar im ontologischen Sinne verursacht, denken.

(2) *Phänomenistischer Begriff*. In der Physik aber und noch in manchen anderen hochentwickelten Wissenschaften scheint der ontologische Begriff der Ursache ausgeschaltet zu sein, und zwar aus guten Gründen. Wenn man nämlich voraussetzt, daß die betreffende Wissenschaft es nur mit Protokollaussagen, welche sinnlich beobachtbare Phänomene beschreiben, zu tun hat, dann ist klar, daß hier nie von einem Einfluß die Rede sein kann, da sich dieser nicht sinnlich beobachten läßt. Es scheint also, daß sich diese Wissenschaften auf die Erklärung durch Bedingungen beschränken. Und doch ist dem nicht so. Zwar kommen, wie gesagt,

hier oft reine Bedingungsaussagen vor, aber man spricht doch immer auch von Ursachen und von kausaler Erklärung.

Was sollen nun hier diese Ausdrücke bedeuten? Es sieht so aus, als ob man unter Ursache verstünde: Eine (1) genügende Bedingung, welche (2) zeitlich dem Verursachten vorangeht oder wenigstens gleichzeitig mit ihm ist und zudem (3) räumlich in gewissen Beziehungen zu ihm steht. Das ist aber weder genau noch klar und es ist verständlich, daß viele heutige Methodologen lieber diese Art von Kausalität überhaupt ausschließen und nur von Bedingungen sprechen möchten.

Noch umstrittener sind die sog. teleologischen Erklärungen, die doch auch immer wieder vorkommen. Sie bestehen wesentlich darin, daß man das Ziel des zu erklärenden Phänomens angibt. So z. B., wenn man die wunderbare Struktur gewisser Blumen dadurch erklärt, daß sie deren Befruchtung sichere. Vom logischen Standpunkt aus ist diese Erklärung insofern der kausalen entgegengesetzt, als sie zwar eine phänomenale Bedingung angibt, diese Bedingung aber in einem *noch nicht bestehenden* Phänomen liegt, das zeitlich erst nach dem zu erklärenden Phänomen auftritt.

In der Physik und den weiteren Wissenschaften, die sich mit der unbelebten Natur befassen, kommen teleologische Erklärungen nicht mehr vor; in den biologischen Wissenschaften scheint die kausale Erklärung vorzuherrschen, aber auch die teleologische tritt hie und da doch auf, so z. B. bei der Frage nach der Zweckmäßigkeit der Organe. Ebenso ist die Soziologie zwar im allgemeinen kausal aufgebaut, aber auch hier zeigen sich teleologische Tendenzen.

Die teleologische Erklärung birgt schwierige philosophische Probleme; vor allem stellt sich die Frage, wie etwas, was nicht besteht, was keine Existenz hat, ein (existierendes) Phänomen erklären kann. Wir übergehen hier aber dieses Problem, wie noch andere philosophische Fragen, welche die Grenzen der reinen Methodologie überschreiten.

FUNKTIONALE GESETZE. In den hochentwickelten Wissenschaften – nicht nur in der Physik, sondern auch in der Psychologie – werden sog. funktionale Gesetze aufgestellt. Sie haben immer folgende Form: Für jedes A, F und G – wobei F und G Eigenschaften von A sind – ist die Größe von F eine (mathematische) Funktion der Größe von G. Ein einfaches und klassisches Beispiel ist das physikalische Fallgesetz: Die Geschwindigkeit eines Körpers ist eine Funktion seiner Fallzeit.

Wie können solche Gesetze logisch gedeutet werden? Sie sind Aussagen, welche eine *doppelte Verallgemeinerung* enthalten: Zunächst spricht man von *allen A* z. B. von allen fallenden Körpern, genau wie in den nicht-funktionalen Gesetzen; dazu kommt aber noch eine zweite Verallgemeinerung: die mathematische Funktion deckt sich nämlich mit der Allaussage, daß alle Größen einer Art in gewisser Weise den Größen der anderen Art zugeordnet sind.

Im Grunde genommen sind also funktionale Gesetze nur eine komplizierte Form der Bedingungsgesetze. Dabei ist zu bemerken, daß die betreffende Bedingung von der genannten dreifachen Art sein kann. Indessen strebt praktisch jede Wissenschaft danach, funktionale Gesetze aufzustellen, welche genügende und notwendige Bedingungen des betreffenden Phänomens sind.

Die Aufstellung funktionaler Gesetze bildet die Hauptaufgabe der quantitativen Induktion. Leider ist dieser Teil der allgemeinen Methodologie theoretisch noch nicht ausgearbeitet, obwohl jede Naturwissenschaft, die solche Gesetze aufstellt, dafür ihre eigenen Methoden besitzt.

STATISTISCHE GESETZE. Bis vor wenigen Jahrzehnten noch wurden die statistischen Gesetze fast nur in den Sozialwissenschaften angewandt; heute braucht man sie noch auf vielen anderen Gebieten. Es handelt sich dabei nicht um Aussagen über Individuen, sondern über Klassen von solchen; und zwar wird in den statistischen Gesetzen gesagt, daß eine Eigenschaft B einem bestimmten Teil der Elemente der Klasse A zukommt, z. B. 60% dieser Elemente. Ein einfaches Beispiel ist das statistische Gesetz der Sterblichkeit, welches besagt, daß von 1000 lebend geborenen Menschen n im k - ten Lebensjahre sterben.

Solche Gesetze werden auch «indeterministisch» genannt, weil damit nichts Bestimmtes (Determiniertes) über die einzelnen Individuen gesagt wird; z. B, daraus, daß von 1000 lebend geborenen Franzosen genau 138 im 47. Lebensjahre sterben, folgt noch gar nichts betreffs des Sterbens meines Freundes Jean-Paul (geboren 1907) in diesem Jahre: er kann ebensowohl sterben, wie auch nicht sterben. Man spricht deshalb auch von einer Wahrscheinlichkeit, welche mathematisch genau berechenbar ist. Aber die Exaktheit dieser Berechnung darf nicht über ihre Ergebnisse täuschen, sie kann nichts an der Sachlage ändern, daß wir, soweit es sich um das Individuum handelt, nicht wissen können, ob es sich so oder so mit ihm verhält.

Es ist danach ersichtlich, daß die statistischen Gesetze keine eigenen Artgesetze *neben* den anderen Arten bilden; was in der statistischen Form vorliegt, kann ebensowohl eine Erklärung durch Bedingungen, wie eine kausale Erklärung sein, ja man kennt auch statistisch funktionale Gesetze.

Es sei noch bemerkt, daß die nicht-statistischen Gesetze als ein Grenzfall der statistischen aufgefaßt werden können; nach ihnen kommt nämlich das betreffende Phänomen in 100% der Fälle vor.

20. *Induktion*

ECHTE UND UNECHTE INDUKTION. Eine wichtige und in den Naturwissenschaften vornehmlich angewendete Form der Reduktion ist die Induktion. Hier müssen zunächst verschiedene Denkverfahren, welche auch «Induktion» genannt werden und doch keine Reduktionen sind, von der echten Induktion unterschieden werden.

(1) Eine unechte Induktion ist einmal die sog. mathematische Induktion. Sie besteht in der Anwendung folgender Regel: Kommt F der Zahl 1 zu, und, falls es der Zahl n zukommt, dann auch der Zahl $n + 1$, dann kommt F jeder Zahl zu. Derartige ‚Induktionen' sind in der Mathematik sehr häufig, es sollte aber klar sein, daß es sich dabei vielmehr um eine echte Deduktion handelt. Der Name «Induktion» ist hier irreführend.

(2) Außerdem spricht man manchmal von der sog. ‚vollständigen' oder ‚summativen' Induktion. Dabei wird folgende Regel angewandt: Sind $x_1, x_2, x_3 \ldots x_n$ Elemente der Klasse a und *alle* ihre Elemente (d. h. ‚daß es außer ihnen kein Element dieser Klasse gibt), und kommt $F x_1, x_2, x_3 \ldots x_n$ zu, dann kommt F allen Elementen von a zu. Auch dies ist keine Induktion im echten Sinne, sondern eine Art der Deduktion; es gibt nämlich in der mathematischen Logik ein Gesetz, auf welches diese Regel unfehlbar gegründet werden kann. Übrigens ist ihre Anwendung wohl manchmal nützlich, aber in den Naturwissenschaften nicht brauchbar, weil man es hier gewöhnlich mit unendlichen Klassen zu tun hat, und eine unendliche Anzahl von Dingen nie beobachtet werden kann.

(3) Es sei noch bemerkt, daß Aristoteles das entsprechende Wort nicht nur für eine Art der Schlußfolgerung, sondern auch für die Abstraktion, also für ein Verfahren zur Begriffsbildung brauchte. Auch heute ist dies noch bei manchen Philosophen so üblich; aber es handelt sich dann offenbar um ein Verfahren, welches mit der naturwissenschaftlichen Induktion nur wenig zu tun hat.

Eine «echte Induktion» nennen wir hier erstens ein Schlußverfahren, also eine Denkmethode, vermittels welcher *Aussagen* aufgestellt werden; zweitens ein Verfahren, das wesentlich *erweiternd* ist, d. h. man geht dabei nicht nur von der Summe der Einzelnen zum Allgemeinen (wie in der vollständigen Induktion), sondern von *einigen* Einzelnen, die *nicht alle* Elemente der in Frage stehenden Klasse sind, zum Allgemeinen. Ein solches Verfahren stellt offenbar ein besonderes methodologisches Problem: Was berechtigt uns zu einem solchen Übergang? Es ist dies das sog. Induktionsproblem. Schon Aristoteles hat mit bewundernswertem Scharfsinn gezeigt, daß die Induktion nicht schlüssig ist, und sein Beweis hierfür wurde bis jetzt nie widerlegt. Und doch wird die Induktion nicht nur im Alltagsleben ständig angewandt, sondern bildet auch eine der Hauptmethoden der Naturwissenschaften. Mit welchem Recht?

Wir können hier nicht auf die verschiedenen Lösungsversuche dieser schwierigen philosophischen Probleme eingehen und müssen uns auf den Hinweis beschränken, daß gewisse methodologischen Fragen dadurch bedingt sind. Es geht im Rahmen dieser Darstellung nicht darum, die einzelnen Methoden philosophisch zu rechtfertigen, sondern lediglich darum, die Methoden zu beschreiben, die heute in der wissenschaftlichen Praxis gebraucht und von der Methodologie erörtert werden.

EINTEILUNG DER INDUKTION. Induktionen, die wir als «echte» bezeichnen, können folgendermaßen eingeteilt werden:

(1) Hinsichtlich des Gegenstandes in *primäre* und *sekundäre* Induktionen. Erstere erschließen Hypothesen, bzw. Gesetze, letztere Theorien (s. oben S. 106).

(2) Hinsichtlich der Art der erklärenden Aussage in *qualitative* und *quantitative*, *unbedingte* und *statistische* Induktionen, je nachdem die sich ergebende Aussage nur die Konkomitanz von Phänomenen, oder eine funktionale Abhängigkeit beider und diese wiederum als unbedingte oder statistische betrifft. Wie schon bemerkt, sind die Methoden der quantitativen Induktion theoretisch noch wenig bearbeitet.

(3) Hinsichtlich der Methode selbst, in *aufzählende* und *ausschaltende* Induktionen. Die aufzählende Induktion häuft lediglich Aussagen an, die aus der betreffenden erklärenden Aussage ableitbar sind; entscheidend ist hier also die Zahl der gesammelten Aussagen. Bei der ausschaltenden Induktion hingegen braucht man nicht die Aussagen über die Einzelfälle (etwa Protokollaussagen) zu vermehren, sondern schaltet die möglichen Hypothesen aus, die im gegebenen Fall in Frage kommen könnten. Bei diesem zweiten Verfahren ist die Zahl der in Betracht gezogenen Aussagen unwesentlich, hingegen ihre Art, d. h. die Verschiedenheit der festgestellten Phänomene, wesentlich. Die *tabulae* von Francis Bacon und die Millschen Methoden sind besondere Verfahren zur Anwendung der ausschaltenden Induktion.

Es ist heute allgemein anerkannt, daß die rein aufzählende Induktion nur sehr selten angewandt wird – man pflegt sie sogar manchmal als «unwissenschaftlich» zu bezeichnen. Hingegen sind sich die Methodologen nicht darüber einig, wie die andere Art der Induktion aufzufassen sei. Während z. B. von Wright meint, sie sei ausschließlich ausschaltend, behauptet R. N. Braithwaite, die Ausschaltung spiele nur eine verschwindend kleine Rolle in der Praxis der Naturwissenschaften, deren Fortschritt sich vielmehr aus der Konfirmation als aus der Falsifikation (d. h. aus der Ausschaltung) ergebe.

DIE MILLSCHEN METHODEN. Obwohl sie veraltert sind, ja sogar so, wie John Stuart Mill sie auffaßte, nie in der Wissenschaft angewandt wurden, wollen wir diese Methoden kurz besprechen, weil sie die Einsicht in das, was wirklich bei dem induktiven Schließen geschieht, erleichtern.

Mill führt fünf solche Methoden auf; wir fassen seine Beschreibungen zusammen, wobei wir seine «Ursache» durch «Bedingung» übersetzen und der Einfachheit halber durchweg voraussetzen, daß es nur zwei Klassen von Phänomenen gibt, jede mit nur drei Elementen: a, b, c und A, B, C.

(1) *Methode der Übereinstimmung:* a erscheint ebensowohl bei AB wie bei AC. Vorausgesetzt, daß es (1) für a überhaupt eine Bedingung gibt und daß (2) *nur ABC* als solche in Frage kommen, folgt daraus, daß A die genügende Bedingung von a ist.

(2) *Methode des Unterschiedes:* a erscheint bei ABC, nicht aber bei BC (wo nur A fehlt); bei den gleichen Voraussetzungen folgt daraus, daß A die notwendige Bedingung von a ist.

(3) *Vereinigte Methoden der Übereinstimmung und des Unterschiedes:* a erscheint bei AB und AC, nicht aber bei BC; immer unter den gleichen Voraussetzungen folgert man daraus, daß A die genügende und notwendige Bedingung von a ist.

(4) *Methode des Restphänomens:* durch andere Induktionen wurde festgestellt, daß B die Bedingung von b, und C die Bedingung von c ist; bei ABC erscheinen abc. Unter den genannten Bedingungen und zudem noch der, daß jedes Phänomen die Bedingung nur *einer* Art von Phänomen sein kann, folgt, daß A die genügende und notwendige Bedingung von a ist.

(5) *Methode der begleitenden Veränderungen:* A verändert sich in gleicher Weise wie a, B und C verändern sich aber nicht in dieser Weise. Dies ist eine Methode der quantitativen Induktion, von der noch die Rede sein wird; sie kann vorläufig übergangen werden.

Bei den vier ersten Methoden ließ sich bemerken, daß sie wenigstens zwei Annahmen voraussetzen, nämlich, daß es überhaupt eine Bedingung der betreffenden Art gibt und ferner, daß nur eines von den aufgezählten Phänomenen (in unserem Beispiel: von ABC) die Bedingung sein kann. Die erste dieser Annahmen heißt «Postulat des Determinismus», die zweite manchmal «Postulat des geschlossenen Systems». Sind sie vorausgesetzt, dann folgen die Schlüsse, und zwar *deduktiv*. Man frägt sich allerdings gleich, wieso solche Annahmen legitim sein können. In der Tat haben sie nicht nur keine Begründung, sondern müssen oft geradezu als falsch anerkannt werden.

DIE VORAUSSETZUNGEN DER MILLSCHEN METHODEN. Es sei zunächst bemerkt, daß der Determinismus, von dem hier die Rede ist, nicht der *ontologische* Determinismus ist; die Naturwissenschaften kennen keine ontologische Kausalität und deshalb auch keinen Determinismus in diesem Sinne (woraus übrigens auch folgt, daß es unsinnig ist, aus der Verwerfung des methodologischen Determinismus die Freiheit des Willens deduzieren zu wollen). Aber auch wenn man nur vom phänomenalen Determinismus (also nicht von ontologischen Ursachen, sondern von Bedingungen) spricht, ist dieser Ausdruck noch vieldeutig. Von einem *strengen Determinismus* läßt sich nur bei der vereinigten Methode sprechen, denn nur hier wird angenommen, daß es für jedes Phänomen eine genügende und notwendige Bedingung gibt. Bei der Methode des Unterschiedes setzt man nur voraus, daß für jedes Phänomen eine *notwendige* Bedingung besteht, d. h., daß immer ein gewisses anderes Phänomen dazu notwendig ist, nicht aber, daß das Vorkommen dieses Phänomens genüge, damit das zweite vorhanden sei. In diesem Falle sprechen wir von einem *mehrdeutigen Determinismus*. Der Ausdruck bezeichnet die Annahme, welche heute in der Mikrophysik vorausgesetzt wird: damit sich ein Korpuskel, z. B. ein Elektron, in Bewegung setzen kann, müssen gewisse Bedingungen erfüllt sein; diese genügen aber allein noch nicht, denn auch wenn sie erfüllt sind, kann das erwartete Phänomen nicht eintreten.

Wie läßt sich die Annahme der einen oder der anderen Art des Determinismus rechtfertigen? Jedenfalls nicht mit Berufung auf die Ontologie. Diese kann zeigen, daß jedes Phänomen eine *Ursache* hat, aber nicht, daß diese Ursache ein *Phänomen* sei. Auch die Logik lehrt diesen Grundsatz nicht. Induktiv kann er schließlich auch nicht aufgestellt werden, weil er in jeder Induktion selbst vorausgesetzt ist. In diesen einfachen Feststellungen liegt der Schwerpunkt des sog. Problems der Induktion, und sie genügen, um zu zeigen, daß jeder Versuch, durch Hinzunahme von neuen Prämissen, die Induktion in eine Deduktion zu verwandeln, scheitern muß.

Dasselbe gilt für die zweite Annahme; wir haben keinen, weder einen ontologischen, noch einen logischen, noch einen induktiven Grund für die Annahme, daß *nur* die von uns in Betracht gezogenen Hypothesen möglich sind. Im Gegenteil wissen wir aus Erfahrung, daß viele andere Hypothesen auch möglich sind.

Diese Feststellungen bestätigen, was wir schon vom Determinismus sagten: Es gibt keine Brücke zwischen der Induktion und der Deduktion, jedenfalls nicht in Form von zusätzlichen Prämissen.

Gewisse Methodologen haben, um dies noch kurz zu erwähnen, diese Verbindung noch auf andere Weise versucht. Sie behaupteten nämlich, die Induktion wandle sich dadurch in eine Deduktion, daß man einfach das betreffende Phänomen anders definiert. Als Beispiel diene ein Diamant, der bis dahin durch, sagen wir, drei Eigenschaften definiert war: A, B und C; verbrennt man einen oder zwei Diamanten, wie Lavoisier es tat, so findet man, daß sich aus der Verbrennung Kohlensäure (CO) ergibt und deshalb sagt man, daß jeder Diamant aus Kohle besteht. Wie läßt sich dies rechtfertigen? Einfach damit, daß man die neugefundene Eigenschaft, das Aus-Kohle-sein den bisher bekannten Eigenschaften ABC hinzufügte: «Diamant» soll von nun an, zufolge der neuen Definition, jeder Körper heißen, der die Eigenschaften ABC und zudem die neugefundene Eigenschaft, das aus-Kohle-sein, besitzt.

Ist dies vorausgesetzt, dann folgt deduktiv, daß ein Diamant immer aus Kohle bestehen muß.

Man sieht aber gleich, daß eine solche rein konventionelle Methode für die Naturwissenschaften nicht ernstlich in Frage kommt. Sie ist zwar durchführbar, aber sie läßt es dahingestellt sein, warum *ABC* immer mit der neuen Eigenschaft verbunden sein soll. Eine Konvention ist kein Naturgesetz, und die Wissenschaft verlangt ernstere Begründungen.

INDUKTION UND SYSTEM. Sieht man näher zu, wie in der naturwissenschaftlichen Praxis wirklich vorgegangen wird, dann stellt man fest, daß für die Aufstellung von Gesetzen etwas ganz anderes als die Millschen Annahmen maßgebend ist, nämlich der axiomatische Zusammenhang und die Einfachheit. Den axiomatischen Zusammenhang wollen wir zunächst an einem einfachen Beispiel zeigen. Weiß man, daß alle vor einem bestimmten Jahre geborenen Menschen gestorben sind, dann genügt dies schon, um die Hypothese aufzustellen, daß alle Menschen überhaupt sterblich sind. Diese Hypothese wird aber viel gewichtiger, wenn man zudem noch weiß – und dies aus anderen Induktionen – daß die Menschen Wirbeltiere sind und alle Wirbeltiere sterblich sind. Damit ist die Hypothese nicht nur aus den Protokollaussagen induziert, sondern auch aus einem allgemeinen Gesetz abgeleitet, und dies verstärkt sie ganz beträchtlich. Der axiomatische Zusammenhang mit anderen Gesetzen und mit dem Ganzen des betreffenden wissenschaftlichen Systems ist in jedem Fall ein Faktor, der die Glaubwürdigkeit einer Hypothese bedeutend vergrößert. Nach manchen Methodologen ist er sogar eine notwendige Bedingung für die Umwandlung einer Hypothese in ein Gesetz, nach einigen sogar der einzige Grund für die Annahme einer Hypothese in den Naturwissenschaften. Dies letztere ist zwar sicher übertrieben, aber daß der axiomatische Zusammenhang eine wichtige Rolle in der Anerkennung von Hypothesen spielt, läßt sich nicht bestreiten.

Manchmal arbeitet man allerdings auch mit Hypothesen, die nicht in einem solchen Zusammenhang stehen; es sind dies die sog. Arbeitshypothesen, die entsprechend nicht als «Gesetze» bezeichnet werden. Man bedient sich ihrer, insofern sie für die Erforschung eines bestimmten, begrenzten Gebietes zweckmäßig sind. So hat z. B. der bekannte Ethnologe P. W. Schmidt in seinen Forschungen erfolgreich den historischen Materialismus als Arbeitshypothese gebraucht, obwohl er selbst fand, daß diese Hypothese nicht im Zusammenhang mit einem weiteren System gebraucht werden könne.

REGEL DER EINFACHHEIT. Diese weitere übliche Annahme kann so formuliert werden: Erklären mehrere Hypothesen die gegebene Aussage, dann soll die einfachste unter ihnen gewählt werden. Diese Regel ist notwendig, um unter Umständen vorzugehen, indem eine an sich unendliche Klasse von möglichen Hypothesen durch Ausschaltung auf eine einzige reduziert wird. Daß eine unendliche Klasse von Hypothesen oft vorhanden ist, kann an folgendem Beispiel gezeigt werden: Wir betrachten drei Punkte auf einer Ebene, welche drei Protokollaussagen (z. B. über den Druck eines Gases im geschlossenen Raum) darstellen sollen, und suchen eine Kurve, auf welcher sie liegen können. Die entsprechende mathematische Funktion wird die erklärende Hypothese sein. Man sieht gleich, daß es eine unendliche Klasse solcher Kurven gibt; wir führen nur einige Beispiele an:

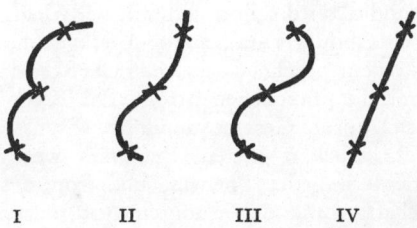

I   II   III   IV

In diesem Fall werden wir sicher die letzte Kurve, nämlich die Gerade wählen, weil sie am einfachsten ist.

ZUSAMMENFASSUNG. PHILOSOPHISCHE DEUTUNGEN. Zusammenfassend können wir sagen, daß für die Anwendung der qualitativen Induktion wenigstens vier Postulate notwendig sind: nämlich des Determinismus, des geschlossenen Systems, des Zusammenhanges und der Einfachheit. Entsprechend ließen sich folgende vier Regeln aufstellen: Man suche die Bedingungen, man setze voraus, daß die Bedingung zu einem gegebenen System gehören muß; man wähle jene Hypothesen, welche am besten mit dem Ganzen des Systems zusammenhängen; man wähle die einfachste Hypothese.

Wie lassen sich nun alle diese Regeln begründen? Darüber streiten die Philosophen schon seit Jahrhunderten. Eine der vorgebrachten Begründungen ist die intuitive: Danach erfassen wir außer durch rationale Schlußfolgerungen und über diese hinaus durch eine Art Intuition die Naturgesetze. Nach einer anderen Erklärung, der kantischen, sind die Gesetze als Formen unseres Denkens aufzufassen, die wir in die Natur hineintragen, und zwar so, daß die Natur durch sie geformt wird. Die Pragmatisten hingegen behaupten, die Induktion sei im Grunde eine rein praktische Angelegenheit, man wolle durch sie nur möglichst nützliche Voraussagen erreichen. Nach den reinen Skeptikern, schließlich, an denen es auch nicht fehlt, haben die unduktiv aufgestellten Aussagen überhaupt keinen Wahrheitswert.

Daß alle diese Auffassungen irrig sind, dürfte nach den vorangehenden Ausführungen klar sein. Es gibt weder eine Intuition der Naturgesetze, noch sind diese a priori gegeben; vielmehr steht fest, daß wir nur durch schwierige rationelle Arbeit zu unseren Schlüssen gelangen, und dies nicht einmal immer mit Gewißheit. Die Meinung, daß es sich in den Naturwissenschaften nur um Praktisches handle, wird schon dadurch widerlegt, daß *um* praktisch zu sein, eine induktiv aufgestellte Aussage schon richtig, d. h. der Wirklichkeit entsprechend sein muß. Der Skeptizismus schließlich wird durch die praktischen Erfolge der Technik entkräftigt: Wie können sich unsere Gesetze immer bewähren, wenn sie keinen positiven Wahrheitswert hätten? Bemerkenswert ist auch, daß bei aller Veränderung der Theorien und trotz des Fortschrittes der Wissenschaften und der erhöhten Anforderungen, die sich daraus ergeben, viele Gesetze doch im Wesentlichen weiter bestehen bleiben.

Es dürfte, kurz gesagt, tatsächlich gelungen sein, durch das induktive Verfahren einige Aspekte der Natur zu erfassen; wie dies aber möglich ist, wußte bis jetzt noch niemand zu sagen. Dem Logiker erscheint die gewaltige, durch die Induktion geleistete Arbeit wie ein erfolgreiches Entziffern eines chiffrierten Textes, zu dem uns doch der Schlüssel fehlt. Daß einiges entziffert wurde, scheint sicher zu sein, wir wissen nur nicht, wie es geschieht.

21. *Wahrscheinlichkeit und Statistik*

DIE BEIDEN BEDEUTUNGEN DES WORTES «WAHRSCHEINLICHKEIT». Es gilt heute als eine von den meisten Methodologen anerkannte

Lehre, daß das Wort «Wahrscheinlichkeit» und ähnliche Ausdrücke nicht nur im Alltagsgebrauch sehr verschiedene Bedeutungen haben, sondern auch in fachtechnischen Sprachen oft zwei oder mehr ganz verschiedene Dinge meinen. Die folgende Überlegung möge das erhellen: Zahlreiche naturwissenschaftliche Gesetze sind Wahrscheinlichkeitsgesetze, d. h. sie stellen nur die Wahrscheinlichkeit der Ereignisse fest. Nun sind aber diese Gesetze selbst wieder nur wahrscheinlich (weil induktiv begründet). Das Wort hat also zwei verschiedene Bedeutungen: Wahrscheinlichkeit eines *Ereignisses* und Wahrscheinlichkeit einer *Hypothese* (bzw. eines Gesetzes oder einer Theorie).

Der wesentliche Unterschied der beiden Begriffe besteht vor allem darin, daß sich die erste Wahrscheinlichkeit, wenigstens prinzipiell, zahlenmäßig fassen läßt: es hat immerhin einen Sinn, zu sagen, die Wahrscheinlichkeit eines Ereignisses betrage so und so viel. Dagegen läßt sich die Wahrscheinlichkeit einer Hypothese nicht zahlenmäßig bestimmen. Es scheint widersinnig zu sagen, die Einsteinsche Theorie oder das Boylesche Gesetz hätten eine Wahrscheinlichkeit von $^3/_4$ u. ä. Die erste Art der Wahrscheinlichkeit wird deshalb gewöhnlich «numerische», «mathematische» oder «statistische» genannt, die zweite dagegen heißt «Annehmbarkeit» (acceptability) oder «Glaubwürdigkeit» (credibility).

STATISTIK. Jede Wahrscheinlichkeitshypothese hat als letzte Grundlage, wie die anderen reduktiv aufgestellten Aussagen, nichts anderes als Protokollaussagen. Jedoch stützt sich eine Wahrscheinlichkeitshypothese nicht direkt auf solche einzelne Aussagen, sondern vermittelst der Statistik. Darunter versteht man einfach eine zahlenmäßige Erfassung von Fällen, in denen zwei Arten von Phänomenen zusammen auftreten (gleichzeitig oder in bestimmter zeitlicher Folge). Eine statistische Aussage hat also immer die folgende Form: Von m Fällen des Phänomens der Klasse A gehören n Fälle gleichzeitig auch der Klasse B an. Ein konkretes Beispiel dafür ist: Auf 3567 Einwohner der Stadt X kommen 78 Ausländer. Es sollte klar sein, daß jedes einfache statistische Ergebnis zwei nacheinander durchgeführte Operationen voraussetzt: (1) Aufstellung der Protokollaussagen, (2) ihrer Zählung.

Die Arbeit des Statistikers beschränkt sich aber nicht darauf. Die zusammengetragenen Angaben müssen in eine Form gebracht werden, die eine sichere und bequeme Anwendung der reduktiven Methoden erlaubt: z. B. werden sie in Prozenten dargestellt, aus denen sich Mittelwerte finden lassen. Dies aber setzt oft komplizierte mathematische Verfahren voraus (es gibt verschiedene Begriffe des Mittelwertes und sehr verfeinerte Methoden, ihn zu finden). Endlich muß der Statistiker darauf bedacht sein, durch die Anwendung weiterer mathematischer Methoden die Fehler, die bei der Aufstellung gemacht wurden, auszuschalten.

Bei der Sammlung der Angaben für statistische Zwecke ist die folgende Regel von großer Bedeutung. Oft kann man nicht das ganze Bereich (die ganze Population) erfassen, sondern nur einen echten Teil davon. In diesem Fall ist es wichtig, daß die Klasse der ausgewählten Phänomene für das Ganze möglichst ‚repräsentativ' sei – nämlich in dem Sinne, daß sie dieselbe Zusammensetzung zeige, wie das ganze Bereich. Das kann aber – nach den fundamentalen Gesetzen der Wahrscheinlichkeitstheorie – nur unter der Bedingung erreicht werden, daß die Zerstreuung der ausgewählten Fälle zufällig und neutral ist. Es soll also alles geleistet werden, damit die Wahl ohne jene ‚Parteilichkeit' geschehe. Ein Beispiel: will man an Hand einer Auswahl aus dem Telephonbuch untersuchen, wie viele Londoner Ausländer sind, so darf man nicht bloß unter jenen Namen wählen, die mit «Z» anfangen, denn darin sind bekanntlich relativ mehr Ausländer als anderswo. Die ausgewählten Namen sollen, im Gegenteil, im ganzen Buch gleichmäßig zerstreut sein.

ABHÄNGIGKEIT DER PHÄNOMENE. Im allgemeinen hat der nach der induktiv-statistischen Methode vorgehende Forscher es nicht mit zwei, sondern wenigstens mit drei Klassen zu tun. Zunächst gibt es eine umfassende Klasse A der Phänomene (Oberklasse), z. B. die Klasse der Zürcher Kinder. Diese enthält zwei Unterklassen, z. B. die Klasse der geimpften Kinder (B) und die Klasse der an der betreffenden Krankheit leidenden Kinder (C). Es fragt sich nun, ob und in welchem Prozentsatz die beiden Unterklassen B und C in einem Abhängigkeitsverhältnis stehen, d. h. ob die Impfung das Erkranken verhindert oder nicht. Die durch die Statistik gelieferten Zahlen lassen sich in diesem einfachsten Fall in folgender Tabelle darstellen:

	C	nicht C
B	x	y
nicht B	z	t

Die Variablen «x», «y», «z» und «t» werden dabei als durch Zahlen ersetzt gedacht.

Zuerst wird hier die Frage gestellt: in welchem Verhältnis würden die Werte x, y, z und t zueinander stehen, falls B und C gar keine Beziehungen zueinander hätten, d. h. falls B in keiner Weise eine Bedingung für C wäre und umgekehrt. Eine einfache Überlegung zeigt, daß in diesem Falle das Verhältnis der erkrankten unter den geimpften (x) zu allen geimpften ($x+y$) dasselbe sein muß, wie jenes aller erkrankten überhaupt ($x+z$) zu allen in Betracht gezogenen Kindern ($x+y+z+t$), d. h.

$$x:(x+y) = (x+z):(x+y+z+t).$$

Diese Formel läßt sich aber durch einfache Operationen auf

$$xt = yz$$

zurückführen.

Was geschieht aber, wenn die Impfung auf die Erkrankung einen positiven Einfluß hat? Dann wird das Verhältnis der Erkrankten unter den geimpften Kindern (x) zu allen Geimpften ($x+y$) größer sein als das aller Erkrankten überhaupt ($x+z$) zu allen Kindern der betrachteten Klasse ($x+y+z+t$). Eine der oben angedeuteten analoge mathematische Operation führt zur Formel:

$$xt > yz.$$

Im umgekehrten Fall, wenn die Impfung negativ auf die Erkrankung wirkt (was der normale Fall sein dürfte) heißt das Ergebnis:

$$xt < yz.$$

Die beiden letztgenannten Formeln sind Beispiele für statistische Gesetze sehr einfacher Art.

KORRELATIONSTABELLEN. Im Folgenden sei kurz eine etwas kompliziertere Form der statistischen Erfassung von Phänomenen erwähnt, die sogenannte Korrelationstabelle. Mit ihrer Hilfe werden funktionale Gesetze aufgestellt. Es seien wieder in einem Beispiel eine Haupt- und zwei Unterklassen betrachtet: A die (Haupt-) Klasse der Pflanzen, B die Unterklasse gedüngter Pflanzen und C die Unterklasse der gedüngten Pflanzen, die gewachsen sind. Im Gegensatz zum obigen Beispiel sollen sowohl B als auch C in je fünf weitere Unterklassen eingeteilt werden, und zwar nach den Mengen des erhaltenen Düngers bzw. nach dem Maße des Wachstums. Auf Grund der Beobachtung ergebe sich z. B. folgende Tabelle:

	C_0	C_{10}	C_{20}	C_{30}	C_{40}
B_0	x_{00}	x_{01}	x_{02}	x_{03}	x_{04}
B_{10}	x_{10}	x_{11}	x_{12}	x_{13}	x_{14}
B_{20}	x_{20}	x_{21}	x_{22}	x_{23}	x_{24}
B_{30}	x_{30}	x_{31}	x_{32}	x_{33}	x_{34}
B_{40}	x_{40}	x_{41}	x_{42}	x_{43}	x_{44}

«B_n» («B_0», «B_{10}» usw.) bedeutet hier, daß die Pflanzen der betreffenden Unterklasse n Einheiten (Gramm) Dünger erhalten haben, «C_n» («C_0», «C_{10}» usw.), daß sie um n Einheiten (Millimeter) gewachsen sind. Die «x» mit zweistelligem Index sind Variablen, für welche die durch Zählung gefundenen Werte eingesetzt werden sollen. Die zwei Zahlen des Index geben einfach die Zeile bzw. die Kolonne an.

Wirkt nun der Dünger auf das Wachstum der Pflanze positiv, so gilt: je mehr Dünger, desto größer das Wachstum. Nehmen wir den einfachsten Fall: das Wachstum nimmt einförmig mit dem Quantum des Düngers zu. Dann wird offenbar in der ersten Zeile x_{00} größer als x_{01}, dieses größer als x_{02} usw. sein. In der zweiten Zeile wird x_{11} größer als x_{10} und als x_{12} sein, der letztgenannte Wert aber größer als x_{13}, und dieser als x_{14}. In der dritten Zeile muß x_{22} größer als x_{20} bzw. x_{24} sein. Im allgemeinen wird sich das folgende Bild ergeben: In der Diagonalen der Tafel – d. h. an den Stellen, wo in unserem Beispiel $x_{00}, x_{11}, x_{22}, x_{33}, x_{44}$ stehen – werden sich die größten Zahlen finden, die beiden neben der Diagonale liegenden Geraden ($x_{10}, x_{21}, x_{32}, x_{43}$ und $x_{01}, x_{12}, x_{23}, x_{34}$) werden kleinere Zahlen zeigen, und je näher wir den Ecken (x_{40} und x_{04}) kommen, desto kleiner werden die Zahlen sein. Kurz: wir werden eine Verdichtung in der Nähe der Diagonale $x_{00} - x_{44}$ finden und eine Verdünnung in den Richtungen auf x_{40} und x_{04}.

Das alles läßt sich nun auch mathematisch behandeln. Es gibt (durch Kurven darstellbare) Formeln, die die ‚normale' Zerstreuung der Individuen in einer solchen Korrelationstabelle zeigen.

Unsere Aufgabe ist es nicht, diesbezügliche rein mathematische Methoden und Formeln zu beschreiben. Hier sollten nur die elementarsten Prinzipien der statistischen Methode, soweit wie möglich ohne Anwendung der Mathematik, verständlich gemacht werden.

KORRELATION UND WAHRSCHEINLICHKEIT. Was liefert uns die besprochene Methode? Im Grunde stellt sie nur eine Zusammenfassung von Protokollaussagen dar: so und so viele Fälle des Zusammenseins von solchen und solchen Größen zweier Phänomene in einer *endlichen* Klasse. Wie gelangt von dieser reinen Tatsachenfeststellung zu einem allgemeingültigen Gesetz, das sich auf eine unendliche Zahl von Fällen – eben auf alle Fälle des genannten Phänomens – bezieht?

Zwei verschiedene Probleme müssen hier zunächst unterschieden werden:

(1) Kann auf Grund einer Korrelationstabelle irgendetwas darüber erschlossen werden, ob und wie sich ein individuelles Phänomen beeinflussen lassen wird – z. B. um wieviele Millimeter diese Pflanze wachsen wird, falls sie ein bestimmtes Quantum Dünger erhält? Die Antwort lautet – auch wenn es sich um Phänomene handelt, die *schon* beobachtet wurden, d. h. in der Tabelle dargestellt sind –: ausgenommen wenn eine direkte Beobachtung möglich ist oder sich die entsprechende Protokollaussage ablesen läßt, kann aus der Korrelationstabelle nur die *Wahrscheinlichkeit* erschlossen werden. Diese ist im genannten Beispiel einfach der sogenannten relativen Häufigkeit gleich: wenn unter m Pflanzen, die k Gramm Dünger erhalten haben, n um p Millimeter gewachsen sind, ist die Wahrscheinlichkeit, daß eine andere Pflanze (die auch genau k Gramm Dünger erhalten hat) um p wachsen wird, gleich n/m. Dies aber bedeutet, daß wir nichts in Bezug auf ein bestimmtes Individuum, sondern nur etwas in Bezug auf die ganze Klasse wissen. Das genügt freilich, um z. B. Angaben für die Versicherungspolitik mit Sicherheit zu errechnen, ohne daß ein Individualfall berücksichtigt wird.

(2) Kann auf Grund der Korrelationstabelle etwas über alle, auch nicht beobachtete (u. a. zukünftige) Phänomene der betreffenden Klasse ausgesagt werden? Dieses zweite Problem hat mit der Wahrscheinlichkeit im oben beschriebenen Sinne nichts mehr zu tun. Die logische Struktur des induktiven Verfahrens ist hier genau dieselbe wie jene, die bereits bei den Überlegungen über die

Millsche Methode gefunden wurde. Was wir hier brauchen, sind der Determinismus, das Postulat des geschlossenen Systems, das Postulat des Zusammenhanges und dasjenige der Einfachheit – das letztgenannte freilich erst dann, wenn ein funktionelles Gesetz aufgebaut werden soll.

22. Historische Methode

NATURWISSENSCHAFT UND GESCHICHTE. Man pflegt zu sagen, daß zwischen den Naturwissenschaften und der Geschichte zwei fundamentale Unterschiede bestehen. (1) Die ersten haben nichtgeistige (materielle) Dinge und Ereignisse zum Gegenstand, die zweite behandelt geistige Gegenstände. (2) Während die Naturwissenschaften überzeitliche Gesetze aufstellen, also vom Historischen absehen, ist im Gegenteil für die Geschichte die Tatsache charakteristisch, daß sie Vergangenes, und zwar als solches, betrachtet.

Beide diese Kriterien sind aber nicht sehr nützlich, wenn man die zwei Gebiete klar scheiden will. Denn (1) der Mensch, dessen Tätigkeit die geschichtlichen Wissenschaften erörtern, besteht offenbar nicht nur aus Geist, sondern ist auch Stoff; und inwieweit er in einem konkreten Fall gerade als Geist handelt, ist nicht immer leicht zu bestimmen. Gehört z. B. das Ökonomische, welches die Menschen mit den Tieren in gewissem Sinne gemeinsam haben, zum geistigen oder zum stofflichen Bereich? Und die Geschichte behandelt doch auch ökonomische Phänomene. Anderseits kann man die Psychologie der Geschichte gewiß nicht beirechnen, obwohl sie teilweise ganz gewiß das Geistige zum Gegenstand hat. (2) Auch das zweite Kriterium ist nicht genügend: wir kennen verschiedene Naturwissenschaften, welche Vergangenes besprechen, und zwar als solches. B. Russell hat auch bemerkt, daß die Phänomene, von welchen man in der Physik spricht, immer vergangene Phänomene sind, nur vor kurzem vergangene, während die Geschichte seit langem Vergangenes bespricht. So wäre der Unterschied nur ein Unterschied des Grades.

Deutlicher ist ein methodischer Unterschied. Auffallenderweise stellt keine Geschichtswissenschaft allgemeine Aussagen auf. Zwar benützt sie solche bei ihrer Denkarbeit, aber die mit ihrer Hilfe aufgestellten Hypothesen und Gesetze sind immer singulär: Warum hat Napoleon so spät seinen Feldzug nach Rußland angefangen? Weil er nicht zeitig genug die notwendigen Vorräte zusammenbringen konnte. Warum ist Alexander gerade nach Indien vorgestoßen? Die Erklärung wird auf Grund seiner Bildung usw. gegeben. Es handelt sich hier wohl immer um eine Erklärung, d. h. um ein reduktives Verfahren. *Induktion* ist es in keinem Fall.

Viele Methodologen der sogenannten Geisteswissenschaften (die in gewissem Sinne alle Geschichtswissenschaften sind) pflegen darüber hinaus zu behaupten, diese Wissenschaften seien gar nicht erklärend, sondern einfach beschreibend, also quasi phänomenologisch, obwohl ohne Ausschaltung der Existenz. Dies ist aber offenbar falsch. Die heutigen Geschichts- (Geistes-) Wissenschaften beschreiben nicht nur, sondern erklären auch. Es sieht so aus, als ob die genannten Methodologen, gezwungen, eine Wahl zwischen der Deduktion und der Induktion zu treffen, keinen anderen Ausweg sähen als die zitierte Behauptung. Wir wissen aber, daß nicht jedes Erklären induktiv sein muß. Vom methodologischen Gesichtspunkt aus wird die Geschichtswissenschaft am schärfsten als eine reduktive nicht - induktive Wissenschaft gekennzeichnet.

AUSGANGSPUNKT. Geschichtswissenschaften sind empirische Wissenschaften. Auch ihre Grundlage bilden Aussagen über Phänomene im «naturwissenschaftlichen» Sinne des Wortes, nämlich beobachtbare Vorgänge. Die Tatsache, daß es vergangene Phänomene sind, ändert nichts an der Sachlage. Schon in den Naturwissenschaften selbst ist diese Tatsache ja nicht nur denkbar, sondern faktische Wirklichkeit. Und doch bringt dieser Umstand eine wesentliche Komplikation in das reduktive Verfahren. Wo nämlich der Naturwissenschaftler im allgemeinen Protokollaussagen vor sich hat, die von Forschern aus demselben Kulturmilieu in einer präzisen Sprache formuliert sind, deren *Deutung* also prinzipiell keine Schwierigkeiten birgt, ist der Historiker gezwungen, mit den sogenannten Dokumenten zu beginnen, die den Protokollaussagen in dieser Beziehung gar nicht ähnlich sind. Die historischen Quellen, vielfach in einer wenig bekannten Sprache verfaßt, stammen nur zu oft aus einem Kulturbereich, der dem Forscher fremd ist. Hinter den Worten steht zumeist ein ganz unbekannter axiomatischer Zusammenhang. Zudem ist die Glaubwürdigkeit der Dokumente immer fraglich. Es handelt sich bei ihnen nicht um nüchterne Berichte aus dem Laboratorium, von Fachleuten verfaßt, deren wissenschaftliches Ethos (übrigens auch deren Bindung an die wissenschaftliche Karriere) im allgemeinen genügende Garantien der Aufrichtigkeit gibt.

Daraus erhellt, daß, was in den historischen Wissenschaften den Protokollaussagen entspricht, nicht am Anfang liegt, sondern durch eine lange und oft schwierige Deutungsarbeit erworben werden muß. Erst durch diese erhält man – reduktiv oder deduktiv – Aussagen über Tatsachen. Darin liegt ein weiterer fundamentaler Unterschied zwischen den historischen und den naturwissenschaftlichen Disziplinen.

Der beschriebene Sachverhalt kann auch so ausgedrückt werden: Die Geschichtswissenschaften enthalten genau wie die Naturwissenschaften die zwei logischen Stufen der Aussagen über Einzelphänomene und der erklärenden Aussagen. Darüber hinaus finden wir in ihnen aber noch eine weitere Stufe, die *vor* dem liegt, was in den Naturwissenschaften Protokollaussagen sind: nämlich die direkt aus den Dokumenten geschöpften Aussagen. Das Schema lautet also für die historischen Wissenschaften: Dokumente – Aussagen über die Tatsachen – erklärende Aussagen.

AUSWAHL. Es gibt noch einen weiteren Unterschied zwischen den genannten Wissenschaften. Die Masse der Dokumente und der in ihnen berichteten Tatsachen ist so enorm, daß vor dem Historiker als eine der ersten Aufgaben die Arbeit der klugen Auswahl steht. Freilich sieht sich auch der Naturwissenschaftler vor einer großen Zahl von Protokollaussagen und eine vielleicht noch größere von Phänomenen gestellt. Aber dank seiner induktiven Methode (d. h. kraft der Tendenz zur Aufstellung von allgemeinen Aussagen) wird er die Wahl viel leichter treffen können, denn ihn interessiert ja nur, was verallgemeinert werden kann. Im Gegensatz dazu steht der Historiker vor einer nicht zu bewältigenden Menge von Dokumenten, ohne ein leitendes Prinzip dieser Art zu besitzen. Wer z. B. an die Geschichte des Ersten Weltkrieges denkt, sieht leicht ein, daß es praktisch unmöglich ist, die tausend und abertausend Berichte, Akten der Diplomatie und der Generalstäbe, Memoiren, Bücher und Artikel usw. alle zugleich zu berücksichtigen. Der Historiker muß unter ihnen wählen.

Zwei für die Geschichtswissenschaft spezifische Probleme kommen hier zum Vorschein: Das erste ist philosophischer Art: Warum will der Historiker keine Induktion anwenden? Auf diese Frage werden zwei Antworten gegeben. Die erste, welche im

Wesentlichen von Wilhelm Windelband stammt, lautet: Der Gegenstand der Geschichtswissenschaft, nämlich der Geist, ist so beschaffen, daß an ihm gerade das Individuelle, nicht das Allgemeine, von Interesse ist. Was z. B. Napoleon oder der heilige Franziskus mit anderen Menschen Gemeinsames hatten, ist irrelevant; ausschlaggebend sind ihre einmaligen persönlichen Kennzeichen. Deshalb sind die Geschichtswissenschaften keine *nomothetischen* (Gesetze aufstellende), sondern *idiographische* (Eigenschaften beschreibende) Disziplinen, die daher die Induktion nicht anwenden können. Die zweite Antwort besteht in dem Hinweis auf die große Komplexität der historischen Phänomene, die es unmöglich macht, allgemeine Gesetze aufzustellen. Die Wissenschaft bleibt dadurch auf einer tiefen Stufe, etwa jener des Sammelns von Protokollaussagen und jener der individuellen Erklärung. Sie vermag sich allerdings zu einer induktiven Wissenschaft zu entwickeln – die ja schon bestehende Soziologie ist eine solche – und die Geschichtsschreibung selbst wäre dann einfach als eine Vorstufe anzusehen. Die in der zweiten Antwort vertretene Ansicht wird allerdings heute von den meisten Historikern scharf kritisiert und abgelehnt.

Das zweite Problem ist methodologischer Natur, und lautet: Nach welcher Regel soll die Auswahl der Dokumente getroffen werden? Auf diese rein methodologische Frage gibt es, soweit bekannt, bis jetzt keine klare Antwort – und vielleicht kann es gar keine solche geben. Denn die Dokumente bilden, wie gesagt, den Anfang der Geschichtsforschung. Freilich hat, wer eine Hypothese aufstellt und sie verifizieren will, darin in gewissem Sinne eine leitende Regel; aber für die Hypothese selbst stellt sich wieder die Frage nach der Regel, dergemäß sie gewählt wurde. Es scheint also, daß in der Auswahl letzten Endes eine subjektive Wertung entscheidet. Deshalb spricht man für die historischen Wissenschaften, im Gegensatz zur Naturwissenschaft, von ‚Wertbedingtheit'. Jedoch heißt das nicht, Geschichte sei, was die Wahrheit ihrer Ergebnisse betreffe, eine subjektiv bedingte Wissenschaft. Die Willkür wirkt nur in der Wahl der Phänomene. Ist diese einmal vorgenommen, dann erfolgt die weitere Bearbeitung nicht weniger objektiv als in den Naturwissenschaften.

DEUTUNG. Der heute gebräuchliche geschichtswissenschaftliche ‚Stil' ist locker; auf sprachliche Schönheit der Darstellung wird großer Wert gelegt. Wenn wir aber nicht die Form, sondern die dahinter stehenden Denkmethoden betrachten, finden wir, daß bei der Dokumentenforschung zunächst die semiotische Methode unter Zuhilfenahme der Axiomatik (Axiomatisierung) angewandt wird, wenn auch nicht in der gleichen Strenge wie in der Logik oder Mathematik. An erster Stelle steht die kritische Untersuchung der oft durch Abschreibefehler verdorbenen Texte, mit dem Ziel, den ursprünglichen Wortlaut wiederherzustellen. Dabei werden zum Teil sehr komplizierte, teils reduktive, teils sogar deduktive Methoden angewandt; auch die Statistik kann dabei eine große Rolle spielen.

Danach erst erfolgt die eigentliche Deutung, und zwar immer durch die – freilich lose – Anwendung der Regeln der Definition durch ein axiomatisches System. Gegeben sind *Worte;* die Bedeutung eines Wortes in einer Aussage wird dadurch bestimmt, daß Aussagen, welche mit dem in Frage stehenden Wort gleichförmige Worte enthalten, zuerst in dem gleichen Dokument, dann in anderen Schriften desselben Verfassers, endlich in solchen anderer Verfasser derselben Periode zusammengestellt werden. So lassen sich (wie bei der Darlegung der Definition betont wurde) die Bedeutung eines Wortes mehr und mehr bestimmen und verschiedene Hypothesen über diese Bedeutung deduktiv ausschalten. In der Praxis wird dieses rein semiotische Verfahren noch mit der Reduktion kombiniert unter Bearbeitung einer Menge von historischen Aussagen, Hypothesen, Theorien u. a. m.: das alles, um die Bedeutung der Zeichen zu erfassen.

Damit ist man aber noch nicht bei den historischen Tatsachen. Aussagen darüber kommen nur insoweit in Betracht, als sie sich in irgendeiner Weise auf eine mögliche Bedeutung beziehen können. Erst wenn der vom Verfasser des Textes beabsichtigte Sinn der Worte eindeutig festgestellt ist, kann die Untersuchung über die *Wahrheit* der Aussagen begonnen werden.

HISTORISCHE KRITIK. Nachdem das Dokument gedeutet wurde, d. h. nachdem der Historiker festgestellt hat, was der Verfasser sagen wollte, stellt sich als nächste Aufgabe die sogenannte historische Kritik. Diese besteht im Wesentlichen darin, daß man festzustellen versucht, ob die betreffende Aussage wahr ist. Das dazu gebrauchte Verfahren ist ganz eindeutig das Erklären, und zwar, logisch gesehen, genau dasselbe, welches auch in den Naturwissenschaften gebraucht wird; man löst nämlich die Aufgabe, indem man die zu untersuchende Aussage in ein axiomatisches System einbaut. Freilich sind die axiomatischen Systeme, die hier und anderswo durch die Historiker aufgebaut werden, ihrer Form nach gewöhnlich sehr lose, doch ist der Gedankengang kein anderer als in den exakten Systemen.

Das in Frage kommende System enthält gewöhnlich zwei Klassen von Aussagen. (1) Zuerst braucht man gewisse metasprachliche, genauer pragmatische Aussagen über den Verfasser: sie stellen fest, ob er die wahre Sachlage kennen konnte, ob er sie aussagen wollte und konnte usw. Dabei werden verschiedene besondere Postulate gebraucht: man setzt z. B. gewöhnlich voraus, daß der Mensch das sagt, was er wirklich meint, falls er keinen besonderen Grund hat, zu lügen. (2) Zweitens werden im Aufbau des genannten Systems objektsprachliche Aussagen gebraucht, und zwar ebensowohl solche, welche direkt aus der Deutung der Dokumente gewonnen werden, wie auch solche, die durch ein reduktives Verfahren vorher in der Geschichtswissenschaft aufgestellt wurden. Lassen sich alle Aussagen dieser Art mit der zu untersuchenden widerspruchslos im System vereinigen, dann ist dies ein Argument zugunsten ihrer Richtigkeit. Man verfährt dabei zudem verifizierend, indem man aus ihr im Rahmen des Systems neue Aussagen ableitet.

HISTORISCHE ERKLÄRUNG. Erst jetzt kann der Historiker zur eigentlichen Erklärung übergehen: die ganze bisher beschriebene Arbeit diente nur dazu, Aussagen zu erhalten, welche den Protokollaussagen der Naturwissenschaften entsprechen. Das Weitere enthält nun nichts wesentlich Besonderes: genau wie in den Naturwissenschaften sucht man hier die Aussagen über Tatsachen durch andere Aussagen reduktiv zu erklären, wobei ebensowohl regressive Reduktion, wie Verifikation gebraucht wird. Die wichtigsten Unterschiede zwischen der Anwendung dieser Methoden und jener, die in den Naturwissenschaften stattfindet, sind die folgenden:

(1) Wie schon gesagt, gebraucht man in der Geschichte keine Induktion, d. h. man erklärt nicht durch Allaussagen. Daraus folgt freilich nicht, daß keine Allaussagen in der Erklärung vorkommen, vielmehr werden solche, und zwar aus verschiedenen Wissenschaften, ständig gebraucht. Aber was auf Grund der Reduktion hier aufgestellt wird – was also den naturwissenschaftlichen Gesetzen und Theorien entspricht – sind singuläre Aussagen.

(2) Von einem Experimentieren kann kein Gebrauch gemacht

werden, da es sich um vergangene individuelle Phänomene handelt. Deshalb ist die Anwendung der Millschen oder ähnlicher Methoden ausgeschlossen. Darin liegt wahrscheinlich einer der wichtigsten Gründe der relativen Unvollkommenheit der geschichtlichen Wissenschaften.

(3) Endlich ist die historische Erklärung fast immer genetisch. Dieses Verfahren wird nicht nur in den Geschichtswissenschaften gebraucht, jedoch spielt es in ihnen eine wichtigere Rolle als anderswo. Es handelt sich dabei um die Erklärung, wie ein Ereignis zustandegekommen ist, und zwar so, daß die es feststellende Aussage, sagen wir A, zuerst durch eine sich auf die unmittelbare Vergangenheit beziehende Aussage, z. B. B, erklärt wird. Dann erklärt man B durch eine dritte Aussage C, welche sich wieder auf die unmittelbare Vergangenheit dessen bezieht, was B meint, usw. Will man z. B. den Ausbruch der Französischen Revolution genetisch erklären, so wird man sich nicht damit begnügen, daß man die diesbezügliche Aussage im Rahmen des Systems aus der Aussage über die unmittelbar vorangehenden ökonomischen, sozialen und religiösen Verhältnisse ableitet, sondern man wird diese wieder etwa durch eine Aussage über den Einfluß der Enzyklopädisten u. ä. erklären, usw.

Auch die Geschichtsschreibung bildet Systeme, hat also ihre Theorien. Nur sind diese Theorien nie Allaussagen. Mit dieser Einschränkung sieht das Endergebnis der historischen Denkarbeit genau so aus wie jenes der naturwissenschaftlichen: die Menge der historischen Aussagen ist geordnet und logisch in einem System verbunden. Es sollte ohne weiteres einleuchtend sein, daß es sich um eine typisch reduktive Methode handelt.

Abschliessende Bemerkungen. Es folgt aus unseren skizzenhaften Betrachtungen, daß es wohl eine historische Methode gibt, aber fast nur in dem Sinne, in welchem man von einer psychologischen, einer astronomischen oder einer soziographischen Methode sprechen kann; sie ist nämlich eine spezielle Methode jener Art, wie jede Wissenschaft sie sich ausbauen muß. Somit kann die historische Methode keineswegs als eine der allgemeinsten Methoden des Denkens gelten. Sie besteht selbst in einer besonderen Anwendung der großen allgemeinen Verfahren, vorzüglich der reduktiven Methode. Der ausschlaggebende Unterschied zwischen dem, was wir in der Geschichte und dem, was wir in den Naturwissenschaften finden, liegt nicht so sehr im Bereich der

Methode wie in jenem des Stoffes: dieser ist in der Geschichte unvergleichlich komplizierter und verlangt sehr komplexe Gedankengänge.

Welches die logische Struktur der historischen Verfahren im einzelnen ist, wissen wir eigentlich nicht. Die Unmöglichkeit, die historische Methode unter die früher einmal einzig bekannten deduktiven und induktiven Methoden einzureihen, scheint die Ursache dafür gewesen zu sein, daß die meisten Methodologen der Geschichtswissenschaften sich entweder auf die Beschreibung der Forschungstechnik beschränkten, oder aber eine Lösung der theoretischen Probleme ihrer Methodologie auf irrationalen Wegen zu finden versucht haben. Obwohl der Einschlag des Subjektiven hier offenbar groß ist, braucht man doch nicht zu solchen heroischen Mitteln zu greifen. Die zeitgenössische allgemeine Methodologie des Denkens bietet Begriffe, mit welchen auch die historische Methode untersucht werden kann.

Diese Untersuchung ist, im einzelnen, die Aufgabe der speziellen Methodologie. Hier wurden nur einige Grundverfahren der historischen Methode berührt, und zwar deshalb, weil diese ein ausgezeichnetes Beispiel der Fruchtbarkeit der neuen Begriffe bietet, und auch deshalb, weil die historische Methode – obwohl sie eine spezielle ist – eine sehr große Klasse von Disziplinen betrifft und somit von größerem Interesse als die meisten anderen speziellen Methodologien sein mag.

NACHWORT

Die in diesem Buche skizzenhaft referierten neueren Einsichten und Lösungsversuche erlauben eine Reihe von Feststellungen allgemeiner Natur. Wir wollen sie in zwei Klassen einteilen, wobei jene der ersten auf die Methodologie selbst sich beziehen, die der zweiten aber Gedanken zur Philosophie des menschlichen Denkens und Wissens aussprechen.

In Bezug auf die Methodologie selbst soll dreierlei gesagt sein:

– daß sie sich heute rasch und erfolgreich entwickelt. Vielleicht ist es keine Übertreibung, zu behaupten, daß sie selten so eifrig gepflegt wurde wie in unserer Zeit.

– daß diese Entwicklung eine Reihe von neuen Einsichten und eine Entwicklung älterer gebracht hat. Es wird als Beleg genügen, die Ausarbeitung der phänomenologischen Methode, die Einsicht in die Wichtigkeit der Sprachanalyse, die neuartige Einteilung der Denkverfahren und den Ausbau der Lehre vom axiomatischen System zu nennen.

– daß aber trotzdem – oder vielleicht gerade deswegen – die heutige Methodologie mit vielen ungelösten Problemen ringt. Es seien als solche genannt das alte Problem der Induktion, die ganz neue Frage nach Sinn und Feststellbarkeit der Wahrscheinlichkeit von Hypothesen, die noch nicht ganz abgeklärte Relativität der logischen Systeme.

Im Bereich der philosophischen Fragen darf man auf Grund der neueren Einsichten vielleicht die folgenden Behauptungen wagen:

– daß die Ausdrücke «Erkennen», «Denken», «Wissen» und deshalb auch «Wissenschaft», auch «Wahrheit» und ähnliche, nicht eindeutig, sondern im Gegenteil sehr vieldeutig (im scholastischen Sinne des Wortes analog) sind. Die neuere Methodologie zeigt nämlich, wie verschieden die Verfahren und der Wert der Ergebnisse in verschiedenen Gebieten sind.

– daß angesichts davon jede einfache Lösung der Erkenntnisfrage als unzulänglich abzulehnen ist. Die Wirklichkeit, und damit die Denkarbeit, welche sie erfassen will, sind offenbar von ungeheurer Komplexität. Alles, was in dieser Arbeit einfach sein will – ein enger Dogmatismus nicht weniger als ein fauler Relativismus und Skeptizismus – ist ein vollständiges Mißverständnis.

– daß die Wissenschaftler und die Philosophen – trotz dem, was sie darüber selbst öfters sagen – sich im Grunde zu einem Glauben an den Wert des rationalen Denkens bekennen: denn die Methodologie ist nichts anderes als ein Bild der Mannigfaltigkeit der Methoden, die ausgearbeitet wurden – und vornehmlich in letzter Zeit –, um gerade rational denken zu können.

Es sei erlaubt, aus all dem einige Schlüsse auf die heutige Lage in der Philosophie zu ziehen. Diese ist, leider, durch eine scharfe Spaltung gekennzeichnet. An internationalen Kongressen – so letztens am Brüsseler Kongreß für Philosophie 1953 – hört man öfters keinen Dialog mehr, sondern einen Austausch von Monologen: die Anhänger der Phänomenologie und jene der Sprachanalyse stehen sich ohne jedes Verständnis gegenüber. Angesichts dessen aber, was uns die zeitgenössische Methodologie zu sagen hat, sind die verschiedenen Methoden des Denkens gar nicht ausschließende Alternativen, sondern komplementäre Aspekte des Denkens. Eine zeitgenössische volle Philosophie sollte auf kein Mittel verzichten, umso weniger, als sie aus der Methodologie wissen kann, wie schwer es ist, gültige Ergebnisse im Denken zu erreichen.

Daraus folgt nun wieder, daß man vielleicht heute von einer echten philosophischen Methode sprechen könnte, wenn nur die Philosophen nicht *a priori* sich an eine der vielen Methoden binden, sondern, der Tradition der großen Denker folgend, *nihil humani a se alienum* betrachten wollten. Diese philosophische Methode wäre in einer phänomenologischen Analyse gegründet. Sie würde aber dabei nicht stehen bleiben, sondern die Analyse einerseits auf das Existierende und seine Existenz anwenden, anderseits – bewußt der menschlichen Schwäche – die Sprachanalyse breit gebrauchen, endlich auf kein Ergebnis der reduktiven Wissenschaften verzichten.

Eine solche Philosophie ist uns heute, zu einer Zeit, da das Wissen so weit spezialisiert ist, dringend notwendig. Sie ist umso notwendiger, als die Menschheit – heute vielleicht mehr als in anderen Epochen – sich nur zu oft blind wilden Instinkten ergibt. Das Wissen, die Vernunft, ist heute so bedroht, wie sie es selten war, und mit ihr das Menschliche schlechthin, vielleicht das Dasein des Menschen selbst. Nur eine wahrhafte Philosophie, die *alles* ins Werk setzt, um zu erkennen, könnte hier Hilfe bringen, nicht die Einzelwissenschaften und die ihnen ähnlichen vereinfachenden Systeme, die, an eine Methode gebunden, das Ganze zu überblicken nicht imstande sind.

LITERATURHINWEISE

I. EINLEITUNG: Pfänder, Maritain, Carnap (6).

II. DIE PHÄNOMENOLOGISCHE METHODE: *Grundlegendes Werk:* Husserl (1); beste *Darstellung:* Heidegger S. 27 ff.; s. a. Farber; Beispiele der *Anwendung:* Husserl (1) (2), Scheler (1) (2), Ingarden (1) (2). Dagegen enthalten die meisten *Abhandlungen* u. d. T. «Phänomenologie» usw. keine Methodologie im Sinne dieses Buches; sie können für das Verständnis anderer (philosophischer) Aspekte der Phänomenologie nützlich sein: Van Breda, Merleau-Ponty, Reinach.

III. DIE SEMIOTISCHEN METHODEN: *Bibliographie:* Church, Beth (1), laufende Bibliographie in: Journal of Symbolic Logic 1936 ff. *Grundlegende Werke:* Carnap (1), Tarski (1), Morris (1) (2). *Ausgebautes System:* Carnap (3) (4). *Verifikationsfrage:* Carnap (2), Reichenbach (1). Hempel (Bibliographie!). *Zeitschriften:* Journal of Symbolic Logic, Journal of Philosophy of Science, British Journal of Philosophy of Science, Mind.

IV. DIE AXIOMATISCHE METHODE: *Bibliographie* und *Zeitschriften:* wie III. *Mathematische Logik, Grundlegende Werke:* Whitehead-Russell, Hilbert (2). Größere *Lehrbücher:* Beth (2), Dopp, Quine. *Abrisse* (deutsche): Bochenski-Menne, Becker, Carnap (6), Hilbert (1), Tarski (3). *Technik des axiomatischen Systems:* Weyl, Woodger (darin Tarski). Zur *Definition:* Dubislav, Robinson.

V. DIE REDUKTIVEN METHODEN; Neuere *synthetische Werke:* Braithwaith, Kneale, Popper, Reichenbach (1), Weyl, von Wright; unter den älteren: Broad, Nicod. *Sammlungen wichtiger Aufsätze:* Feigl-Brodbeck, Wiener. Von Belang sind auch die *historischen Werke* von Duhem (älter) und Thorndike (grundlegend). *Begriffsbildung:* Hempel (2). *Wahrscheinlichkeit:* Carnap (5), Keynes, Mises; Nagel (Übersicht der Problematik). *Geschichtswissenschaften:* Wagner (mit großer Bibliographie; referiert u. a. die irrationalistischen Deutungen der Methode, welche im wesentlichen an W. Dilthey anknüpfen, und kann für das Verständnis der philosophischen und speziellen Fragen dieses Gebietes nützlich sein). — Eingehende Bibliographie und Darstellung der methodologischen Ansichten der *Naturwissenschafter* bei Bavink.

BIBLIOGRAPHIE*

BAVINK, B.: *Ergebnisse und Probleme d. Naturwissenschaften*, 1914, n. A. 1949.
BECKER, O.: *Einführung in die Logistik*, 1950.
BERGSON H.: (1) *Essai sur les données immédiates de la conscience*, 1889 (dt. 1911, n A. 1949).
(2) *L'Evolution créatrice*, 1907 (dt. 1912)
BETH, E. W.: (1) *Symbolische Logik und Grundlegung der exakten Wissenschaften* (Bibliogr. Einf. in d. Studium d. Philosophie 3), Bern, Francke, 1948.
(2) *Les fondements logiques des mathématiques*, 1950.
BOCHENSKI, I. — MENNE, A.: *Abriß der mathematischen Logik*, 1954.
BOLZANO, B.: *Wissenschaftslehre*, 4 Bde., 1837, n. A. 1929 ff.
BRAITHWAITH, R. B.: *Scientific explanation*, 1953.
BROAD, C. D.: *Scientific Thought*, 1923.

CARNAP, R.: (1) *Logische Syntax der Sprache*, 1934.
(2) *Testability and Meaning*, Philos. of Science 2, 1936 – 4, 1937; n. A. 1950.
(3) *Introduction to Semantics*, 1942.
(4) *Formalization of Logic*, 1943.
(5) *Logical Foundations of Probability*, 1950.
(6) *Einführung in die symbolische Logik*, 1954.
CHURCH, A.: *A Bibliography of Symbolic Logic*, Journal of Symbolic Logic 1, 1936. (Weitergeführt in derselben Ztschrf.)

DOPP, J.: *Leçons de logique formelle*, 3 Bde., 1949–50.
DUBISLAV, V. W.: *Die Definition*, 1931.
DUHEM, P.: *Le système du monde*, 5 Bde., 1913 ff.

FARBER, M.: *Foundations of Phenomenology*, 1943.
FEIGL, H. – BRODBECK, M.: *Readings in the Philosophy of Science*. 1953.
FREGE, G.: *Über Sinn und Bedeutung*, Ztschr. f. Philos. u. philos. Kritik 100, 1892.

HARTMANN, N.: *Zur Grundlegung der Ontologie*, 1935, n. A. 1949.
HEIDEGGER, M.: *Sein und Zeit*, 1927, n. A. 1953.
HEMPEL, C. G.: (1) *Problems and changes in the Empiricist Criterion of Meaning*, Rev. Intern. de Philos. 2, 1950 (Nr. 11).
(2) *Fundamentals of Concept Formation in Empirical Science* (Int. Enc. of Un. Science, II, 7). 1952.

---

* Hier sind nur die Titel der im Text und in den Literaturhinweisen erwähnten Werke angeführt.

HEYTING A.: (1) *Die formalen Regeln der intuitionistischen Logik*, Sitzungsb.
d. Preuß. Akad. d. Wiss., Phys.-math. Kl., 1930.
(2) *Mathematische Grundlagenforschung. Intuitionismus. Beweistheorie*, 1934.
HILBERT, D.: (1) und Ackermann, W.: *Grundzüge der theoretischen Logik*,
1928, n. A. 1951.
(2) und Bernays, P.: *Grundlagen der Mathematik*, 2 Bde., 1934–39,
n. A. 1944.
HUSSERL, E.: (1) *Logische Untersuchungen*, 2 Bde., 1901f., n. A., 3 Bde.
1913–21.
(2) *Ideen zu einer reinen Phänomenologie und phänomenologischen Philosophie*,
1913, 3. A. 1928, n. A. 1951 ff.

INGARDEN, R.: (1) *Essentiale Fragen*, 1924.
(2) *Das literarische Kunstwerk*, 1931.

JASPERS, K.: (1) *Philosophie*, 3 Bde., 1932; n. A. in 1 Band 1948.
(2) *Von der Wahrheit*, 1947.

KEYNES, J. M.: *Treatise on Probability*, 1921.
KNEALE, W.: *Probability and induction*, 1949.

LUKASIEWICZ, J.: (1) *O logice trójwartościowej* (Über die dreiwertige Logik), Ruch filozoficzny 5, 1920.
(2) *Philosophische Bemerkungen zu mehrwertigen Systemen des Aussagenkalküls*, Comptes rend. d. séances d. l. Soc. d. Sciences et d. Lettres d. Vars. Cl. III, 1930.
(3) *W sprawie odwracalnosci stosunku racji i nastepstwa* (Über die Umkehrbarkeit der Beziehung des Grundes zur Folge), Przegl. fil. 16, 1913.

MARCEL, G.: *Positions et approches concrètes du mystère ontologique*, in *Le monde cassé*, 1933, und sep. 1949.
MARITAIN, J.: *Petite Logique*, 15. A. 1946.
MERLEAU-PONTY, M.: *Phénoménologie de la perception*, 1945.
MILL, J. ST.: *A system of Logic*, 2 Bde., 1843 (dt. 1849 u. ö.).
MISES, R.: *Wahrscheinlichkeit, Statistik und Wahrheit*, 1928, n. A. 1951.
MORRIS, Ch.: (1) *Foundations of the theory of signs*, Intern. Encycl. of Unified Science, II, 2, 1938.
(2) *Signs, language and behavior*, 1946.

NAGEL, E.: *Principles of the theory of Probability*. Intern. Encycl. of Unified Science, I, 6, 1939.
NICOD, J.: *Le problème logique de l'induction*, 1923.

OGDEN, C. K. and RICHARDS, I. A.: *The meaning of Meaning*, 1949.

PFAENDER, A.: *Logik*, 1929.
POPPER, K.: *Die Logik der Forschung*, 1935.
POST, E.: *Introduction to a general theory of elementary propositions*, American Journal of Mathematics 43, 1921.

QUINE, V. W.: *Mathematical Logic*, 1940, n. umg. A. 1951.

REICHENBACH, H.: (1) *Experience and Prediction*, 1938.
(2) *Philosophic Foundations of Quantum Mechanics*, 1944, 2. A. 1946 (dt. 1948).
REINACH, A.: *Was ist Phänomenologie?*, 1951.
ROBINSON, R.: *Definition*, 1950.

SCHELER, M.: (1) *Der Formalismus in der Ethik und die materiale Wertethik*, 1913–16, 3. A. 1937, n. A. 1954.
(2) *Wesen und Formen der Sympathie*, 1913, n. A. 1948.

TARSKI, A.: (1) *Der Wahrheitsbegriff in den formalisierten Sprachen*, Studia Philosophica (Leopoli) I, 1936.
(2) *Grundzüge des Systemenkalküls*, Erster Teil. Fundamenta mathematicae 25 (1935).
(3) *Einführung in die mathematische Logik und die Methodologie der Mathematik*, 1937.
THORNDIKE, L.: *A history of Magic and Experimental Science*, 6 Bde., 1923 ff.

VAN BREDA H. L. (Hrsg.): *Problèmes actuels de la phénoménologie*, 1952.

WAGNER, FR.: *Geschichtswissenschaft*, 1951.
WIENER, PH.: *Readings in Philosophy of Science*. 1953.
WEYL, H.: *Philosophie der Mathematik und Naturwissenschaft*, 1928; n. A. ohne Jahr.
WHITEHEAD, A. N. and Russell, B.: *Principia Mathematica*, 3 Bde., 1910 bis 1913, 2. A. 1925–27, n. A. 1950.
WITTGENSTEIN, L.: *Tractatus Logico-Philosophicus*, Annalen der Naturphilosophie 1921, 2. A. 1922, n. A. 1951.
WOODGER, J.: (1) *The axiomatic method in biology*, 1937.
(2) *The technique of theory construction*, Encylop. of Unified Science, II, 5, 1939.
VON WRIGHT, G. H.: *A treatise on induction and probability*, 1951.

SACHVERZEICHNIS

Abbild 11
Abkürzungsregel 93
Ableitbarkeit 89, 90
ableiten 73
abstrakt 42
Abstraktion 25, 118
Abtrennungsregel 97
Allaussage 135, empirische 65, logische 65
analog 57, 138
Analyse eines Sachverhaltes 95
Anführungsname 67, 71
Anführungszeichen 60f., 68
Angst 28
Annehmbarkeit 125
Antinomie 57, des Lügners 59f., 69, semantische 71
a priori 124, 139
Arbeitshypothese 122
Argument 53
arithmetisch 43
ästhetisch 80, 87
Astronomie 45f., 110ff.
atomar 51, 91
Ausdruck 50, 55
Auslegung 30
Aussage 13, 60, All- 64, 135, falsche 13, Identitäts- 40, metasprachliche 135, objektsprachliche 135, pragmatische 135, Protokoll- 104f., 118, 131, 135, singuläre 136, wahre 13, 15, 67 ff.
aussagenbestimmend 53, -erzeugend 53,
Ausschaltung des Praktischen 26
Auswahl 126, 132
Autorität 29
Axiom 65, 78 ff., 97
Axiomatik 134
axiomatisches System 78 ff., 92, 108, 134, 138, -r Zusammenhang 122

Axiomatisierung 83
Barbara 16
Bedeutung 38, 57 ff., 134, Wort- 33 f.
Bedingung 113 ff., genügende 113, notwendige 113
Bedingungsgesetze 116
Begriff 11 f., 33, 40, objektiver 11 f., subjektiver 11
Beobachtungsmethoden 104
Beweis 74
Beweiswegschema 97 f.
Bezeichnung 58 f.
Beziehung, pragmatische 40 f., semantische 39 f., syntaktische 39 f.

Celarent 45
Cesare 45
Chiffre 57

Deduktion 75, 82, 131, progressive 82, 101, regressive 82, 101
deduktiv 101
Definition 90 ff., analytische 90 f., apodeiktische 93, durch ein axiomatisches System 92 f., direkte 91, implizite 91, nominale 90, reale 90, 95 f. rekursive 92, semantische 66, 90, 93 ff., syntaktische 90 ff., synthetische 90
Definitionsregeln 81
Denken 12, 107 f., 138, rationales 139, theoretisches 17
Denkmethoden 7
Designat 58
deskriptiv 30
Determinismus, ontologischer 120, phänomenaler 120, strenger 120

Deutung 31, 42, 94, 131, der Sprache 13
Ding 9
diskursives Erkennen 25
Dogmatismus 138
Dokumente 132
Dreieck 33
Dualitätsprinzip 49
Dyssymmetrie 103

eidetischer Sinn 45 ff.
Eigenname 52 f.
Eigenschaft 9
Eigentümlichkeit 33
Einfachheit, Regel der 123
emotional 27 f
empirisch-logische Schule 62, -e Methode 32, -es Mittel 61, -e Wissenschaft 65, 104 ff. rein empirische Wissenschaft 107 f
Empiristen 25, 33
Erfahrung 107 f.
Erfassen 26
Erkennen 12, 17, 138, direktes 14, 20, diskursives 25, indirektes 14, 20, wissenschaftliches 19
Erkenntnisprozeß 12
Erklärung 101 f., 105 f., 134, 136, teleologische 112, 115, genetische 136
Erscheinung 31
Essenzphilosophen 35
Ethos 132
euklidischer Beweisgang 82, -e Geometrie 48, -er Satz 48
Existenz 28, 31,33 f., -Philosophen 22, 27 f., 34 ff., des Menschen 14
Experiment 103, 107
experimentieren 135 f.
extensional 58

falsch 13, 103
Falsifikation 103
Form 65, 113, graphische 41
formale Logik 15 f., 83

Formalismus 42, 47 f.
formalistische Sprache 41
Formungsregeln 52, 81 f
Forschung 19 f., phänomenologische 31
Funktion 115, semantische 55 ff.
Funktor, aussagenbestimmender 53, aussagenerzeugender 53, einstelliger 53, funktorenbestimmender 53, funktorenerzeugender 53, monadischer 53, namenerzeugender 53, zweistelliger 54

Gefühl 27
Gegenstand 11, 27 f.
Gehirn 30
Geist 130, objektiver 11
Geisteswissenschaft 131
genetisch 136
Geologen 114
Geometrie 51, euklidische 49
Geschichte, 102, 104, 130 ff.
Gesetz 74, 105 ff., Bedingungs- 116, funktionales 112, 115, kausales 112, Konkomitanz- 112 f., logisches 16, statistisches 116
Gewißheit 124
Glaubwürdigkeit 125
Gott 57 f., Gotteserkenntnis, analogische 57 f.
Grammaticae speculativae 38
Grammatik 52
graphische Form 41
Grundlage 108

Haltung, emotionale 27 f., kontemplative 26
Hermeneutik, phänomenologische 31
heterodoxe Systeme 87 f.
Historiker 114, 131 ff.
Historiographie 102
historische Quellen 131, Wissenschaften 104, 130

Hypothese 29, 101, 105 ff., 133, Arbeits- 122, Hypothesenwahrscheinlichkeit 125, hypothetisch-deduktiv 101
Ich 28
ideales Seiendes 53
identisch 54
Identitätsaussage 41
idiographisch 133
Implikation 88 ff.
indeterministisch 116
Induktion 7, 101, 117 ff., 133, 137, aufzählende 119, ausschaltende 119, mathematische 117, naturwissenschaftliche 117, primäre 118, qualitative 118, 123, quantitative 116, 120, sekundäre 106, 118, statistische 118, summative 117, unbedingte 118, unechte 117, vollständige 117
Induktionsproblem 118, 138
Inhalt 11, 55, 58
intensional 58
intensiv 58
Intersubjektivität 64 f.
Introspektion 104
Irrationales 57
Intuition 23, 25 f., 56 f., 124

je-meinig 35

Kategorie 10, Grund- 53, ontologische 52, syntaktische 38, 51 f.
kausales Gesetz 112, 114 ff.
Konfirmation 103, 107
Konjunktion 73, 103
Konkomitanzgesetz 112 f.
Konsequenz 88
Konstitutionssystem 81
kontemplative Haltung 26 f.
Körper 41
Kritik 134 f.
Kritizisten 25
Kunstwerk 39

lexikalisch 90
Logik 7, 15, 19, 48, 93, formale 15, 85, intuitionistische 84, 88, mathematische 37, 83 ff., Meta- 59, natürliche 20, Philosophie der 16, und Wissenschaft 19
Lügner 58 f., 69 f.

Mathematik 45 f., 93, Meta- 60
mathematische Logik 37, 83 ff.
meinen 38
Metalogik 60, -Mathematik 60, -Sprache 59, 94, -Wissenschaft 60
metaphysisch 56, 95
Methode 16, der begleitenden Veränderungen 120, Beobachtungs- 104, deduktive 21, 137, Denk- 7, empirische 32, induktive 21, 132, 137, phänomenologische 20, 22 ff., 138, des Restphänomens 120, der Übereinstimmung 119, des Unterschiedes 119
Methodologie 7, 10, 16 f.
Mittelwerte 126
Modell 46 f.
Modus *Barbara* 16, *ponendo ponens* 15, 74, *ponens* 74
Möglichkeit, logische 63, physische 63, technische 63, transempirische 63
molekular 51, 91
Moralisches 27
Multiplikation 42

Name 13, 61, 71, Anführungs- 68, 71, strukturell-deskriptiver 68, Namen-Kategorie 52
Naturwissenschaft 31, 104 ff.
Negation 48, 93
Negationszeichen 88
Neupositivismus 85
neupositivistische Schule 54

nomothetisch 133
Null-Stufe 58

Objekt 27
objektiv 11 ff.
Objektivismus 26 f.
ökonomisches Phänomen 130
Ontologie 46, 121
operativer Sinn 45 ff.

Pflichtbewußtsein 30
Phänomen 25, 31, 104, 121, in den Naturwissenschaften 31, Rest- 120
phänomenistisch 114
Phänomenologie 22 ff., 40, 46, 96, 131, 139
Philosophie 7, 54, 118, 139, der Logik 16
Physik 46, 114 f.
Physikalismus 63
Postulat des Determinismus 120, des geschlossenen Systems 120
pragmatisch 40
Pragmatisten 124
Praktisches 26 f.
Prämissen 73
Principia Mathematica 84 f.
Prinzip 78, Dualitäts- 49, Toleranz- 64
Produkt 73
Protokollaussage 104 f., 119, 131, 135
psychische Gebilde 11
Psychologie 64, 114, 130, introspektive 64

Quantität 85
Quellen, historische 131

rationales Denken 139
Rechnen 37, 43 f.
Reduktion 21, 75, 100 ff., regressive 101 f.

Regel 9, Abtrennungs- 97, Definitions- 81, 96 der Einfachheit 123, Formungs- der Sprache 52, 81, 97 Schluß- 47, 86, Sinn-, syntaktische 51 ff., Substitutions 97, Übersetzungs- 94
Relation 9
Relativismus 138
Relativität der logischen Systeme 87, 138
Religiöses 27
Restphänomen 120

Sache 9, 23, 25
Sachverhalt 9, 11
Satz 11, euklidischer 48, falscher 13, objektiver 11 ff., subjektiver 11 ff., der Verifizierbarkeit 62 f., wahrer 13
Schauen 23, 29, geistiges 23, phänomenologisches 30
Schließen 26, 29, 73 ff., deduktives — reduktives 21, 75
Schluß, 29, 74
Scholastiker 12, 38
Seiendes 9, 12, ideales 53
semantisch 38 f., 90, -e Definitionen 93 f., -e Funktionen 55 ff., -Stufen 59
Semiotik 37 ff.
Sinn 37, 61 ff., eidetischer 45 ff., operativer 45 ff.
Sinnregeln, syntaktische 51 ff.
Skeptizismus 88, 124, 138
Sophisten 36
Sosein 9, 35
sozial 37
Soziologie 133
Sprache 12, 49, abstrakte 41, dichterische 55, formalistische 41, Formungsregeln der Sprache 51, künstliche 50, 95, Meta- 59, 94, natürliche 49, Objektsprache 59, Schrift- 51, symbolische 50, Umgangs- 50

147

Statistik 125 ff., 134
Stil 133
Stoff 34, 66
Stoiker 38, 78, 85
Struktur 33, 35
subjektiv 11 ff., 133, Intersubjektivität 64 f.
Substanz 9, 52
Substitutionsregel 97
Syllogistik 44, 85
Symbol 50
Synonymie 13
syntaktisch 39, 90 f., -e Sinnregeln 51 ff., vieldeutig 54
Syntax 39, 42, 51, 82, der Umgangssprache 50
synthetisch 90, 94
System, axiomatisches 78 ff., 92, 108, 110, 122, 134, 138, formalistisches 47, geschlossenes 120, Konstitutions- 81

tabulae 119
Tatsache 32
Technik 124
teleologische Erklärung 112, 115
Terminologie 9, erkenntnistheoretische 13, psychologische 10, semiotische 12
tertium non datur 87
Texte 134
theoretische Elemente 108
Theorie 29, 106 ff., 136
Thomisten 57 f.
Toleranzprinzip 64
transempirisch 63
Übersetzungsregeln 94
Übertragung 44
Unsagbares 56 f.
Unsinn 54 f.
Ursache 114 f., 120, Bestimmung der Ursache 95
Urteil 12

Verbum 52
Verifikation 102 f., 106
Verifizierbarkeit 61 ff.
verifizieren 135
vieldeutig 54, 138
Vieldeutigkeit 13
Voraussagen 110

wahr 13
Wahrheit 13, 59, 134, 138, Definition der 66 ff.
Wahrheitswert 103
Wahrnehmung 104
Wahrscheinlichkeit 7, 26, 124 ff., 138 Hypothesen- 125
Washeit 24
wenn-dann 94 f.
Wert 27
Wertbedingtheit 133
Wertung 133
Wesen 9, 32, 35, 96, Bestimmung des Wesens 95, phänomenologisches 33
Widerspruchsfreiheit 63, 88
Widerspruchsprinzip 88
Willensakt 27
Wissenschaft 14, 17, 138, empirische 65, 104, rein empirische 108, historische 104, und Logik 19, Meta- 60, Natur- 31, 104 ff., objektive 18 f., als soziales Werk 19, 38, Stand der 29, subjektive 18
Wissen 10, 47, 138, als Eigenschaft 10, Gegenstand des Wissens 11, 47, als psychisches Phänomen 11
Wortbedeutung 33 f.

Zeichen 12, 38 ff., 54 ff., 102
Zerstreuung 126
Zufälliges 33
Zusammenhang, axiomatischer 122, 131
Zweck 26 f., des Rechnens 47

NAMENVERZEICHNIS

Amiel H. F. 22
Aristoteles 10, 33, 37, 78, 100, 117f.
Augustinus 10

Bacon Fr. 100, 119
Becker O. 22
Bergson H. 56f.
Bolzano B. 78
Boole G. 84
Braithwaith, R. 100
Brouwer L. 87
Burali-Forti C. 92

Carnap R. 38, 64, 67, 78, 100
Comte A. 66
Couturat L. 84
Curry H. 85

De Morgan A. 84
Diodorus Kronos 89

Eddington A. 111
Einstein A. 111

Farber M. 22
Fink E. 22
Fitzgerald G. F. 112
Frege G. 38, 57, 84

Galileo Galilei 96
Gentzen G. 85

Hamilton W. 22
Hartmann E. 22
Hartmann N. 22, 57
Hegel G. 10, 22
Heidegger M. 22, 28, 30f., 35
Herschel J. 100
Heyting A. 84, 87
Hilbert D. 38
Hume D. 114
Husserl E. 10, 22ff., 38, 78

Ingarden 22, 40

Jaśkowski St. 85
Jaspers K. 56f.

Kant I. 10, 22, 124
Kelvin, Lord 111
Keynes M. 100
Kierkegaard S. 27
Kneale W. 100
Kopernikus N. 110f.
Koyre A. 22

Lambert J. 22
Lavoisier A. 121
Leibniz G. 10, 84
Leśniewski St. 85
Lewis C. 89
Łukasiewicz J. 69, 75, 86, 88, 91f., 100

Marcel G. 22, 27, 35
Menne A. 96
Merleau-Ponty, M. 22
Michelson A. 111
Mill J. St. 66, 100, 119f., 122, 136
Morris Ch. 38

Newton I. 96, 111

Otto, R. 27

Peano G. 84
Pfänder A. 22
Plato 10, 37, 59
Plotin 10
Post E. 86

Reichenbach R. 63, 87
Renouvier, Ch. 22
Robinson R. 95
Russell B. 50, 84, 130

Sartre J. 22, 28, 35
Scheler M. 22, 27
Schmidt W. 122
Schröder E. 84
Spinoza B. 10
Stein E. 22
Stokes G. 111

Tarski A. 38, 67ff., 78

Thomas v. Aquino 10, 29, 56f.

Uexküll T. 30

Whitehead A. 10, 50, 84f.
Windelband W. 133
Wittgenstein L. 57
v. Wright G. 100
Wundt W. 90

UTB
FÜR WISSENSCHAFT

Auswahl Fachbereich
Philosophie

34 Menne:
Einführung in die Logik
(Francke). 4. Aufl. 1986. DM 14,80

146 Speck (Hrsg.): Grundprobleme
der großen Philosophen –
Altertum und Mittelalter
(Vandenhoeck). 4. Aufl. 1990.
DM 24,80

183 Speck (Hrsg.): Grundprobleme
der großen Philosophen –
Philosophie der Gegenwart II
(Vandenhoeck). 3. Aufl. 1991.
DM 23,80

464 Speck (Hrsg.): Grundprobleme
der großen Philosophen –
Neuzeit II (Vandenhoeck).
3. Aufl. 1988. DM 24,80

593 Kaufmann/Hassemer (Hrsg.):
Einführung in die Rechtsphilosophie
und Rechtstheorie der Gegenwart
(C. F. Müller). 6. Aufl. 1992.
Ca. DM 34,80

723 Oelmüller/Dölle-Oelmüller/
Piepmeier (Hrsg.):
Philosophische Arbeitsbücher 1
Diskurs: Politik
(Schöningh). 4. Aufl. 1991.
DM 26,80

725 Rousseau:
Diskurs über die Ungleichheit
(Schöningh). 2. Aufl. 1990.
DM 36,80

778 Oelmüller/Dölle-Oelmüller/
Piepmeier (Hrsg.):
Philosophische Arbeitsbücher 2
Diskurs: Sittliche Lebensformen
(Schöningh). 4. Aufl. 1991.
DM 26,80

1000 Salamun:
Was ist Philosophie?
(J.C.B. Mohr). 2. Aufl. 1986.
DM 24,80

1108 Speck (Hrsg.): Grundprobleme
der großen Philosophen –
Philosophie der Gegenwart IV
(Vandenhoeck). 2. Aufl. 1991.
DM 23,80

1136 Adomeit:
Rechts- und Staatsphilosophie 1
(R. v. Decker). 2. Aufl. 1992.
Ca. DM 19,80

1138 Rehfus:
Einführung in das Studium
der Philosophie
(Quelle & Meyer). 2. Aufl. 1992.
DM 29,80

1183 Speck (Hrsg.): Grundprobleme
der großen Philosophen –
Philosophie der Gegenwart V
(Vandenhoeck). 2. Aufl. 1992.
DM 25,80

1252 Speck (Hrsg.): Grundprobleme
der großen Philosophen –
Neuzeit III
(Vandenhoeck). 1983. DM 26,80

1307 Gripp:
„Jürgen Habermas"
(Schöningh). 1984.
(Nachdruck 1991). DM 18,80

1308 Speck (Hrsg.): Grundprobleme
der großen Philosophen –
Gegenwart VI
(Vandenhoeck). 1984. DM 25,80

1320 Wuchterl:
Lehrbuch der Philosophie
(Paul Haupt). 4. Aufl. 1992.
DM 25,80

Preisänderungen vorbehalten.